O Terror no Divã

A Psicologia do Cinema de Terror em Quatro Séries Clássicas

José Felipe Rodriguez de Sá

O TERROR NO DIVÃ

A Psicologia do Cinema de Terror em Quatro Séries Clássicas

MADRAS®

© 2017, Madras Editora Ltda.

Editor:
Wagner Veneziani Costa

Produção e Capa:
Equipe Técnica Madras

Ilustrações Internas:
Bruno Marcello

Revisão:
Arlete Genari
Margarida Ap. Gouvêa de Santana
Neuza Rosa

Dados Internacionais de Catalogação na Publicação (CIP)
(Câmara Brasileira do Livro, SP, Brasil)

Sá, José Felipe Rodriguez de
O terror no divã : a psicologia do cinema de terror em quatro séries clássicas / José Felipe Rodriguez de Sá. -- São Paulo : Madras, 2017.
Inclui referências.
ISBN: 978-85-370-1061-7

1. Filmes de terror 2. Psicanálise e cinema
3. Terror - Aspectos psicológicos 4. Terror e cinema
I. Título.

17-02838   CDD-150.195

Índices para catálogo sistemático:
1. Filmes de terror : Psicanálise e cinema :
Psicologia analítica 150.195

É proibida a reprodução total ou parcial desta obra, de qualquer forma ou por qualquer meio eletrônico, mecânico, inclusive por meio de processos xerográficos, incluindo ainda o uso da internet, sem a permissão expressa da Madras Editora, na pessoa de seu editor (Lei nº 9.610, de 19/2/1998).

Todos os direitos desta edição reservados pela

MADRAS EDITORA LTDA.
Rua Paulo Gonçalves, 88 – Santana
CEP: 02403-020 – São Paulo/SP
Caixa Postal: 12183 – CEP: 02013-970
Tel.: (11) 2281-5555 – Fax: (11) 2959-3090
www.madras.com.br

Índice

Introdução 9

Capítulo 1
Por que Assistimos a Filmes de Terror? 15
    Definição 16
    Perfis criminosos 17
    Por que assistimos a filmes de terror? 21
    A Fábrica dos Sonhos 28
    Crítica e metacrítica 29
    O começo do fim 35

Capítulo 2
Leatherface – *O Massacre da Serra Elétrica* 37
    Texas, 18 de agosto de 1973 38
    Ed Gein, o "pai" de Leatherface 42
    O "estranho" 45
    O matadouro 49
    Por trás da máscara de couro 50
    O poder da sugestão 52

"Baseado em uma história real..." 53
Açougueiros sulistas canibais 54
"A pornografia do terror" 58
Continuações 59
O massacre do remakes elétricos 63

Capítulo 3
Michael Myers – *Halloween* 79
31 de outubro de 1978 80
   Samhain 83
   Quem é – ou o que é – Michael Myers? 84
   "Por que eu?" 86
   Entre presa e predador 88
   5/4 90
   Um recado para o *Me Generation* 91
   Duelo de titãs 94
   O pesadelo continua 96
   Zombie Mayers 98

Capítulo 4
Jason Voorhees – *Sexta-feira 13* 103
Uma Longa Noite em Camp Blood 104
   Por que sexta-feira? E por que 13? 106
   Sinistros proféticos 108
   Complexos infantis 113
   Isolamento geográfico 114
   Castração e desmembramento 115
   "Ki... ki... ki... Ma... ma... ma..." 116
   Franchise 117
   O Édipo na família Voorhees 119

Sexo... Morte! 122
O ritual da máscara 124
É a morte – viva 125
Jason Revive 126

Capítulo 5
Freddy Krueger – *A Hora do Pesadelo* (1984) .. 131
Get Ready for Freddy! 132
    Fred: o retrato de um *serial killer* 134
    Freddy, um *incubus* Moderno 137
    Wes *versus* Freddy 139
    Choque de gerações 140
    Um *trash cult* 142
    Um conto de fadas para adolescentes 144
    Humor negro 147
    A interpretação dos pesadelos 148
    Pesadelo 1: cena de abertura 149
    Pesadelo 2: a morte de Tina Gray 150
    Pesadelo 3: alucinações no *High School* 152
    Pesadelo 4: lucidez estilhaçada 155
    Pesadelo 5: Rod Lane morre 157
    Pesadelo 6: KRGR TV 157
    Pesadelo 7: o retorno de Freddy 158
    Pesadelo 8: o pesadelo final 159
    A volta de Freddy... E Jason 159
    A hora do Pesadelo (2010 162

Referências Bibliográficas 165
Referências Eletrônicas 177
Referêcias dos Filmes 183

Introdução

Com apenas 4 anos de idade me levaram para assistir *E.T.* no cinema. Passei o filme todo tapando meus olhos. Algum tempo depois vi o *Tubarão* original em VHS. Quando comecei a surfar, dez anos depois, ainda tinha medo de ficar sozinho no mar. *Alien – o Oitavo Passageiro* também teve o "privilégio" de aparecer cedo demais na minha vida. Nem vi o filme inteiro. Bastou algumas cenas para eu ficar apavorado e com medo de dormir sozinho por um bom tempo.

Entre assistir *Tubarão* e *Alien* ganhei um dos melhores presentes da minha vida. Era um livro de capa-dura, laranja e preto, sobre as lendas e mitos da antiga Grécia. Nele, conheci os 12 trabalhos de Hércules, a Guerra de Troia, a Odisseia, as aventuras de Jasão e os Argonautas... Claro, além de todo esse heroísmo, tinha também "o lado negro da força": a Medusa, o Minotauro, o reino subterrâneo do Hades. Mas eu não tinha medo. Sabia que eles não existiam. Mesmo assim ficava maravilhado com as histórias deles. Eram verdadeiros monumentos à criatividade humana.

Para estimular (ainda) mais minha imaginação hiperativa, minha mãe comprou aquelas coleções sobre os grandes mistérios da ciência: ETs, o abominável homem das neves, o monstro de *Lochness*. Assim como os mitos da Grécia antiga, eu não sentia medo; sentia, sim, fascinação. "Eles existem ou não?", perguntava-me. Essa era a chave: o mistério, a dúvida. Explicar demais, como é mania de alguns cientistas, é um aborto para qualquer imaginação.

Tive uma sensação bem diferente na primeira vez que ouvi falar de *Sexta-feira 13*. O (ir)responsável por isso foi um primo meu, Duda Dâmaso. A série era totalmente grotesca: tinha decapitação, empalação, enforcamento... Um verdadeiro catálogo de atrocidades. Apesar (ou por causa!) do tema, eu e os outros ouvintes estávamos fascinados. Fiquei curioso. Ainda que Jason fosse ficção, *serial killers* eram reais. Aquilo poderia acontecer, teoricamente, com qualquer um.

Algum tempo depois, descobri uma locadora na Ondina[1], a cinco minutos de minha casa. Lá tinha todos os filmes da série. Pronto: da noite para o dia virei fã de

---
1. Bairro da orla de Salvador, Bahia.

slasher movies. E não estava sozinho. Quem cresceu nos anos 1980 sabe que isso era uma febre mundial.

Depois de assistir a todos os filmes de terror da VideoPlay, eu cheguei à constatação do óbvio – o gênero *slasher* estava saturado. Todos eram muito parecidos, reciclando a mesma trama óbvia e seguindo religiosamente o mesmo padrão de sustos. Além disso, tinham sempre um elenco amador, histórias cheias de furos e continuações que via de regra eram piores que os originais.

Pulemos agora para o começo de janeiro de 2006. Estava a ler um livro de Sérgio Paulo Roanet, *Os dez amigos de Freud, volume 1*. Tinha um trecho particularmente interessante nele que falava das técnicas literárias que o escritor Rudyard Kipling (1865-1936) usava – sem ter total consciência – para tornar o seu conto *The rickshaw phantom* assustador.

Vou reproduzir esse trecho aqui:

[...] o escritor pode criar o *Unheimlich* quando, depois de fazer crer que o mundo que ele vai descrever é o normal, suspende repentinamente as leis da realidade e introduz um acontecimento sobrenatural... Quanto

> à segunda fonte, a reativação de complexos infantis, Freud acha que o escritor pode produzir um verdadeiro *Unheimlich* quando souber traduzir vivências universais, como a angústia da castração, que aparece num conto de Hauff, '*A mão decepada*'.[2]

Alguns leitores talvez não saibam o que significa o *Unheimlich* (tradução: o "estranho"[3]) – ou a misteriosa conexão entre o medo de ser castrado e uma mão decepada. Isso é para mais tarde.

O que foi importante para *mim*, nesse momento, foi o "estalo", o *insight* que tive. O que realmente fazia a gente gostar de filmes de terror? O que fazia milhões de pessoas ao redor do mundo assistirem a esses filmes independentemente da rejeição pelo *establishment* crítico ao gênero? Será que as fórmulas de Freud esclareceriam as minhas dúvidas de um jeito convincente?

A resposta não é óbvia, nem simples. Posso adiantar que ela toca ao mesmo tempo em temas universais e nos lembra dos nossos medos mais íntimos. Tive certeza de que, com algumas das ferramentas conceituais que acumulara durante os anos, poderia fazer uma análise reveladora desses filmes.

---
2. ROANET, 2003, vol.1, p. 59.
3. FREUD, 1996, vol. 18, p. 237.

Embora tente ser minucioso, esse livro não é uma pesquisa acadêmica. Ele não é parcimonioso, neutro ou metodologicamente preciso. *Terror no Divã* usa da ciência, mas está mais para literatura. Se eu mencionar algum conceito, talvez obscuro para a maioria, vou usar geralmente não mais de um parágrafo explicando-o. Se ainda restar alguma dúvida, acredito que a aplicação desses conceitos na "leitura" dos filmes irá saná-las.

Ainda que o livro trate de filmes, não vou me aprofundar tanto na parte especificamente cinematográfica. Detalhes técnicos como iluminação, edição, ângulos de câmera, trilha sonora e efeitos especiais serão abordados, mas não vão ser o centro da análise. Serão citados quando iluminam a psicologia interior dos vilões.

Por fim, vocês notarão que o filtro conceitual usado para "entender" os filmes é psicanalítico. Um recado para os especialistas: quando falo "psicanálise", refiro-me àquela das edições *Standard*. Não é a Psicanálise de Klein, Winnicott, Lacan e de tantos outros seguidores e desertores.

Para os que já conhecem algo do assunto, verão conceitos familiares como complexo de Édipo, inconsciente, ansiedade de castração, repressão, etc. Para quem não conhece ainda, espero que sirva de uma modesta introdução para *alguns* dos conceitos da Psicanálise.

Para os que não acreditam que "Freud explica", algumas palavras: a Psicanálise não é de jeito nenhum incriticável. Abordarei, inclusive, algumas das críticas feitas a ela logo no primeiro capítulo. Apesar das limitações da psicologia freudiana, a razão por trás dessa minha escolha é simples. Freud é um ícone cultural e continua a ser mais conhecido do que qualquer psicólogo depois dele. Paralelo a isso a sua psicologia continua sendo a mais difundida – e tem muitos estudos críticos de cinema que fazem uso da psicanálise, o que facilitou bastante escrever este trabalho. De qualquer sorte, acredito que mesmo vocês tirarão proveito deste livro.

Capítulo 1
Por que Assistimos a filmes de Terror?

Definição

O filme de terror – ou *horror movie*, como é conhecido em inglês – é um dos gêneros mais populares da sétima arte. Mas o que faz ele ser tão popular? Segundo os ditames da metodologia científica, a eficiência da solução depende do quão bem você vai definir o problema. Para responder à pergunta que percorre todo o capítulo, comecemos com o óbvio: procurar o significado da palavra "terror" no dicionário. O *Novo Dicionário Aurélio da Língua Portuguesa* define "terror" como:

> I. Grande medo ou susto;
> II. Estado de grande pavor ou apreensão;
> III. Qualidade do que produz resultados extraordinários, estranhos ou funestos.[4]

À primeira vista as definições do *Aurélio* parecem satisfatórias. Filmes desse gênero dão grandes sustos na audiência, provocando ansiedade e medo. Normalmente sentimos estranhamento com suas histórias,

---
4. FERREIRA, 1986, p. 1371.

consequência de sua atmosfera lúgubre. Essa categorização, no entanto, é vaga e engloba diversos filmes. Como diz Andrew Tudor, gêneros – de cinema, literatura – raramente se prestam a definições específicas. Suas características formais mudam com o tempo assim como sua audiência e o contexto histórico em que foram feitos.[5]

Para facilitar o nosso trabalho focarei o subgênero conhecido em inglês como *splatter* ou *slasher films*.[6] Eles geralmente retratam um grupo de jovens sendo exterminados[7] por um personagem com sérios distúrbios mentais.[8] Uma característica marcante desses filmes é sua violência gráfica; os personagens são efetivamente reduzidos a pedaços de carne. Às vezes até mesmo os "heróis" do filme são massacrados.[9] No *splatter*, mais do que qualquer outro gênero cinematográfico, a vida humana vale pouco – ou nada.

Perfis criminosos

Apesar de motivações e origens completamente distintas, as nossas quatro "celebridades" e as suas séries têm características em comum.

---

5. TUDOR, 2002, p. 49.
6. DIKA, 1987, p. 86.
7. *Ibid*, p. 89.
8. *Ibid*, p. 86.
9. CARROL, 1999, p. 295.

a) Suas histórias reciclam crenças culturais e medos universais

O Massacre da Serra Elétrica aproveita o medo sentido pelo *Old South* americano, uma "terra de ninguém", para contar uma história envolvendo dois tabus, assassinato e canibalismo. *Halloween* se assenta na velha crença celta em torno do dia 31 de outubro, data em que os mortos voltariam para assombrar os vivos. *Sexta-feira 13* aproveita a superstição em torno dessa data e nosso medo de florestas, simbólica do nosso pavor do desconhecido. Por último, *A Hora do Pesadelo* explora o mundo dos sonhos e os conflitos entre gerações.

Além desses particulares, todas essas séries têm uma coisa em comum: explorar o nosso medo da morte. A morte, segundo o diretor Tobe Hooper, é o verdadeiro monstro dos filmes de terror.[10]

b) Todos têm um *modus operandi* específico

Para Leatherface e sua família é matar para comer. Para Michael Myers é matar a sua irmã Laurie. Para Jason é vingar a mãe, trucidando qualquer um que profane o seu "túmulo", o *Camp Crystal Lake*. Para Freddy Krueger é continuar voltando dos mortos para matar os jovens de *Elm Street*.

---

10. JAWORZYN, 2013, p. 45.

c) Todos têm uma marca registrada

Nossos vilões sempre carregam características externas facilmente identificáveis, geralmente a roupa ou a "ferramenta de trabalho". No caso de Leatherface é uma máscara de pele humana. Vez por outra ele aparece com um avental de açougueiro. Michael Myers sempre veste uma farda azul de frentista e uma máscara branca. Jason Voorhees, a partir da *Sexta-feira 13 – parte 3 –* torna-se inseparável de uma máscara de hóquei. Por fim, Freddy Krueger sempre aparece de chapéu e malha verde e vermelha.

Os vilões, protagonistas dessas séries, sempre têm sempre uma arma predileta. Ela serve como sua marca. Leatherface é inseparável de sua motosserra; Michael Myers, de sua faca de açougueiro. Já Jason, prefere um facão. E o que seria de Freddy Krueger sem as garras de aço?

d) Preferência por armas brancas

É difícil imaginar Leatherface, Michael Myers, Jason Voorhees ou Freddy Krueger usando armas de fogo. Por quê? Sean Cunningham, diretor/produtor do *Sexta-feira 13* original, responde: "armas de fogo são terrivelmente impessoais para filmes".[11] Já crimes

---
11. BRACKE, 2005, p. 29.

cometidos por arma branca exigem proximidade.[12] Segundo especialistas, isso indicaria uma motivação pessoal e um grande ódio por parte do assassino.

e) Todos apresentam uma deformidade física

As deformações físicas desses quatro personagens têm uma função. Elas são a exteriorização de sua deformidade interna, de sua maldade. No caso de Leatherface, só podemos especular; nunca chegamos a ver seu rosto. Só conseguimos ver a sua arcada dentária, seriamente comprometida. No *remake* de 2003 seu rosto é mostrado, finalmente. Em minha opinião, um erro. Já no caso de Michael Myers suas deformações físicas só aparecem depois de *Halloween II*: *O Pesadelo Continua* (1981). O filme termina com Myers no chão, baleado, em chamas. Em *Halloween*: *O Retorno de Michael Myers* (1988) podemos ver os resultados desse estrago.

Essa regra é mais explícita no caso de Jason Voorhees e Freddy Krueger. O primeiro nasceu deformado; o segundo foi queimado vivo. É visível como a pele que sobrou do rosto de Krueger se mistura aos seus músculos da face, bem à mostra.

---

12. SCHECHTER, 2013, p. 306.

f) A motivação para seus assassinatos sempre tem origem no núcleo familiar

Leatherface é o caçula de uma família de malucos; Michael Myers assassina sua irmã mais velha aos seis anos de idade. Jason volta dos mortos para vingar a morte da mãe; Freddy já nasce condenado por ser o filho do estupro de uma freira por cem lunáticos.

Por que assistimos a filmes de terror?

Uma explicação do senso-comum, sugerida por Philip Brophy, é a de que esses filmes satisfazem uma compulsão masoquista.[13] Faz sentido. Por que alguém iria assistir a um filme só para ficar tenso e nervoso? Por que pagar só para ficar tomando sustos? Não é fácil achar que existe um prazer em sofrer tanto? Essa "hipótese masoquista" é usada, inclusive, pelos moralistas de plantão para acusarem o público-alvo do gênero de ser "doentio".[14]

O filósofo Noel Carroll vai além dessa explicação "lugar-comum". Carroll argumenta que o gênero tem uma função sub-reptícia de dominação

---

13. BROPHY *apud* TUDOR, 2002, p. 47.
14. TUDOR, *op. cit.*, p. 47.

social e ideológica. Reparem que o confronto entre o "normal" e o "anormal" é fundamental nos filmes de terror.[15] Claro, é importante dizer que o que é considerado "normal" e "anormal" depende das circunstâncias culturais, políticas e históricas do lugar onde os filmes foram produzidos. No entanto, o que esses dois "inimigos" representam é praticamente invariável. O "normal" sempre é o *status quo*,[16] enquanto o "anormal" sempre é o rejeitado, o "outro": a sexualidade feminina, infâncias traumáticas, ideologias alternativas, outras culturas, grupos étnicos discriminados, homossexualidade e bissexualidade.[17]

Um exemplo disso pode ser encontrado nos filmes americanos de ficção científica da década de 1950. Os "marcianos" geralmente são retratados como frios e ultraorganizados. É fácil perceber quem eles são, na verdade. Com um mundo vivendo sob a Guerra Fria, os marcianos são os comunistas soviéticos. E não para por aí. Eles também representam o medo que os americanos têm do futuro de sua *própria* sociedade, cada vez mais tecnocrática.

Dos *splatters* analisados neste livro, *Halloween* e *Sexta-feira 13* são os que mais se encaixam no esquema de Carroll. Neles, os "normais" – um grupo de

---
15. CARROL, op. cit., p. 182.
16. *Ibid*, p. 280.
17. WOOD, 2002, p. 29.

jovens saudáveis e bonitos[18] – enfrentam o "anormal", um assassino solitário vítima de uma tragédia pessoal.

O confronto entre os dois grupos é altamente simbólico: o "anormal" é tudo o que pode ter sido afastado ou ignorado pelos "normais" e depois volta para assombrá-los. No decorrer do filme, o "anormal" vai punindo os "normais" por suas transgressões (fumar maconha, sexo irresponsável, etc.), até encontrar um oponente à altura. Esse oponente é geralmente uma mulher, a mais inteligente e menos sexualizada do grupo.[19] Eles lutam e, geralmente, a heroína vence. A lei e a ordem são restabelecidas.

Tanto *Halloween* como *Sexta-feira 13* foram lançados em uma época de transição,[20] em que as consequências da revolução *hippie* – a liberdade sexual, o uso de drogas e o anticapitalismo – estavam debaixo de fogo acirrado. A direita religiosa nessa época ganhou força, elegendo o presidente Ronald Reagan (1911-2004). Seu governo foi marcado por uma guinada de valores mais "tradicionais" e por um incentivo ao individualismo e ao consumismo para aquecer uma economia "devagar-quase-parando".[21]

---

18. DIKA, *op. cit.*, p. 89.
19. *Ibid*, p. 91.
20. *Ibid*, p. 97.
21. *Ibid*, p. 98.

Apesar da lógica de sua teoria ser interessante, o próprio Carrol ressalta que sua exegese do gênero terror é falha: ela não explica por que na maioria esmagadora dos *slashers* a "normalidade" nunca é restaurada. Os vilões acabam sempre dando um jeito de fugir, evaporar em pleno ar ou "desmorrer".[22] Nem mesmo as heroínas ou heróis do filme estão imunes a serem trucidados pelo "monstro" no final ou na continuação.[23]

Teremos então de analisar a questão de outros ângulos. Márcia Kupstas, escritora de livros infantis, conta-nos que estórias de terror são uma espécie de válvula de escape. Ela nos distrai de nossas preocupações diárias, estimulando nossa imaginação para criar uma espécie de "purificação", "limpeza"; ou melhor, uma espécie de *catarse*. O terror teria, assim, uma função benéfica: fazer o homem moderno suportar melhor seus *próprios* monstros, frutos de suas privações e misérias. Não é à toa que o gênero se tornou muito popular no hemisfério norte na década de 1930. Nos Estados Unidos esse sucesso "coincidiu" com a Grande Depressão econômica, logo depois do *crash* da bolsa de Nova York. Na Europa seu sucesso também "coincidiu" com a ascensão do Nazismo.[24]

---

22. CARROL, *op. cit.*, p. 283.
23. *Ibid*, p. 212.
24. KUPSTAS, 1992, p. 9.

O filósofo Aristóteles de Stágiros (384-322 a.C.) atribui à *catharsis* – termo grego para "purgação", purificação[25] – o destino final das tragédias dos seus contemporâneos gregos. Elas projetavam suas emoções nos atores e tinham um "alívio psicológico", vivendo suas alegrias e suas dores por meio dessas peças.[26]

Os médicos Sigmund Freud (1856-1939) e Joseph Breuer (1842-1925) foram os primeiros a usar o conceito de catarse na prática clínica. Em *Estudos sobre a Histeria* (1895) a dupla médica procurava liberar, pela da hipnose, "afetos" represados de suas pacientes histéricas. Graças a essa "cura falada" as pacientes tinham alívio psicológico pela catarse.[27] Freud eventualmente abandona o "método catártico",[28] mas a ideia da catarse continua na Psicanálise.[29] Prova disso é o argumento usado por Freud, anos depois, para explicar o prazer da literatura: "[...] a verdadeira satisfação com que usufruímos uma obra literária procede de uma libertação de tensões em nossas mentes".[30]

Mas qual é a natureza dessas "tensões"? Como elas são produzidas? E, principalmente, quais são os

---

25. LAPLANCHE, 1998, p. 60.
26. ARISTÓTELES, 2005, p. 24.
27. LAPLANCHE, *op. cit.*, p. 61.
28. *Ibid.*
29. *Ibid, op. cit.*, p. 62.
30. FREUD, 1996, vol. 9, p. 143.

meios usados pela sociedade para transformá-las em algo útil?

Freud argumentava que, para a sociedade funcionar corretamente, temos de abrir mão de nossos impulsos egoístas e imediatos.[31] Isso é um problema porque, segundo ele, nada se compara à satisfação instantânea de um instinto.[32] O homem, então, procura satisfações substitutivas: a arte, a ciência e o trabalho. Outras substituições vão para um lado autodestrutivo, como é o caso do abuso de drogas.[33] Independentemente da forma que assuma, essa transformação do instinto é chamada por Freud de "sublimação".[34]

Se seguirmos essa lógica vamos concluir então que o filme de terror é também uma "satisfação substitutiva". A pergunta aqui é: ele substitui *o quê*? Que instinto, que força irracional ele sublima? Ele é uma válvula de escape *do quê*?

Uma possível resposta é que o horror canaliza a nossa agressividade de um jeito positivo. Nas atrocidades de Freddy, Jason, Michael Myers e Leatherface, encontramos uma catarse para *os nossos próprios instintos assassinos*. Chocante? Absurdo? Ridículo?

---
31. FREUD, 1997, p. 49.
32. *Ibid*, p. 27.
33. *Ibid*, p. 22.
34. *Ibid*, p. 52.

Lembrem que muitos dos fãs do gênero dão risada, assobiam e vibram nas mortes das vítimas.³⁵

A abordagem psicanalítica, porém, tem seus limites. Primeiro, ela assume que existe em todos nós um "monstro interno".³⁶ Seríamos todos, basicamente, assassinos e estupradores em potencial. Só não somos piores por causa das restrições sociais. Além do mais o próprio Freud admitia que as normas sociais nem sempre eram positivas, podendo ser repressivas demais.³⁷

Esse pessimismo freudiano foi criticado por seus contemporâneos intelectuais, inclusive por alguns de seus colaboradores. Dos últimos, o mais famoso, C. G. Jung (1875-1961), criticou a Psicanálise por "interpretar as pessoas demasiadamente pelo lado patológico e seus defeitos".³⁸ É difícil rebater essa crítica, já que o próprio Freud declarou que "a intenção de que o homem seja 'feliz' não se acha incluída no plano da 'Criação'".³⁹

Uma crítica final à Psicanálise recai sobre a validade da catarse. Ela tem a mesma limitação do argumento "normal x anormal" de Carroll. Se existe uma catarse,

---

35. DIKA, *op. cit.*, p. 88.
36. TUDOR, *op. cit.*, p. 42.
37. FREUD, *op. cit.*, p. 169.
38. JUNG, 1998, p. 325.
39. FREUD, *op. cit.*, p. 24.

de fato, ela nunca é completa até porque o vilão sempre escapa – e volta.

A Fábrica dos Sonhos

Hollywood... A "Fábrica de Sonhos"! Quem nunca foi ouviu esse clichê? Apesar de senso comum, esse chavão tem implicações ignoradas pelo grande público. Essas implicações profundas são especialmente importantes para essa seção. Será que os filmes de terror compartilham esta analogia? Serão eles realmente parecidos com sonhos – ou melhor – com pesadelos?

Para começar, filmes e sonhos são feitos para serem vistos à noite, no escuro. Ambos têm em comum um desligamento de nossa consciência racional.[40] Ambos expressam os nossos instintos mais primitivos, devidamente disfarçados. Por fim, o sonho é um filme produzido para um único espectador, e um filme é um sonho produzido para múltiplos espectadores.

Os paralelos não param por aí. Os filmes de terror, assim como os sonhos, reciclam muitos conflitos biográficos dos seus criadores / "sonhadores". E os dois apresentam um conteúdo "manifesto" e um conteúdo

---

40. WOOD, *op. cit.*, p. 30.

"latente".[41] Reminiscências do passado e traumas infantis são recontados e transformados no processo, tornando-se praticamente irreconhecíveis. Assim é "elaborada" pela parafernália tecnológica da sétima arte a matéria-prima dos roteiristas, produtores e diretores. Assim os sonhos, em um processo igualmente complexo, são criados e "projetados" durante a noite.

Os mecanismos são diferentes, mas o resultado final acaba sendo parecido. Na opinião de Ann Kaplan, "Freud desenvolveu a Psicanálise como uma tecnologia para a liberação das tensões da vida burguesa; vista dessa maneira literal [...] a Psicanálise foi uma tecnologia paralela ao cinema".[42]

Crítica e metacrítica

Apesar de serem sucessos de bilheteria, os *slashers* sempre esbarram na recepção gélida da crítica. Não é sem razão. A maioria deles é um desfile de erros de continuidade, falhas técnicas e roteiros absurdos. E as sequências – para variar – conseguem ser *piores* que o original.

---

41. Freud (1996, vol. 4, p. 125) acreditava que os sonhos poderiam ser separados em duas partes: o conteúdo manifesto e seu conteúdo latente. O conteúdo manifesto é o conteúdo "visível" do sonho. O conteúdo latente é a lógica inconsciente escondida por trás dessas imagens aparentemente sem nexo do sonho.
42. KAPLAN, 2000, p. 140.

A opinião da crítica especializada é válida, apesar de injusta e simplista. Devo lembrar: nos primórdios do gênero, esses filmes eram considerados parte do "circuito alternativo".[43] Fazê-los era um risco; seus produtores não tinham garantia alguma de lucro. Seu orçamento irrisório não dava tempo para custear vários *takes* e longas horas na sala de edição. Consequentemente, muitas falhas técnicas e erros de continuidade desses pioneiros aconteceram por causa da falta de verba, e não por um descuido por parte da equipe de produção.[44]

O argumento do "pouco orçamento" não se sustenta contra a acusação de que o gênero pouco evoluiu. Quando começou a atrair mais público e mais dinheiro, isso poderia ter acontecido – mas a indústria *gore* não quis. Os filmes foram recorrendo cada vez mais a fórmulas cansadas. A única cota de criatividade parecia ir direto para o departamento de efeitos especiais; as maquiagens cada vez mais elaboradas faziam crescer uma competição dentro do gênero entre quem poderia produzir morte mais grotesca. Esses truques prostéticos eram usados, mais do que nunca, para tapar os buracos cada vez mais berrantes nas tramas das novas produções do gênero.

---

43. BRACKE, *op. cit.*, p. 29.
44. Segundo Baddeley (2005) esse cenário espartano mudou com a introdução dos aparelhos videocassete, no começo dos anos 1980. O VHS criou, quase da noite para o dia, um novo mercado para filmes de terror baratos.

Mesmo assim, considerando tudo isso, só teríamos um lado da história. Ela certamente é mais complexa.

Os críticos de cinema estão geralmente preocupados em promover filmes que atinjam os ideais estéticos e culturais mais altos de nossa sociedade. Eles consideram que os *slashers* não possuem os critérios necessários para que sejam classificados como obras-primas: excelência técnica[45] e crítica social[46] (*Cidadão Kane*, 1942), o sacrifício de um amor por uma grande causa[47] (*Casablanca*, 1941) ou o poder e a sensualidade de uma mulher[48] que luta sozinha contra um mundo machista[49] (... *E o Vento Levou*, 1942). Os *splatters movies* sempre tratam do que há de mais vil e cruel na natureza humana. Não é à toa que são geralmente escrachados ou simplesmente ignorados pela crítica.[50]

Mas será que existe alguma coisa aí que não estamos vendo claramente? Seria essa resistência crítica movida por algum motivo oculto? Estaria ela sucumbindo ao mesmo "narcisismo ético" que Freud falou sobre seus críticos, que não admitiam que éramos mais animalescos do que pensávamos?[51] Que não seríamos

---
45. EBERT, 2004, p. 128.
46. *Ibid*, p. 129.
47. *Ibid*, p. 114.
48. *Ibid*, p. 537.
49. *Ibid*, p. 538.
50. WOOD, *op. cit.*, p. 30.
51. FREUD, 1996, vol. 19, p. 245.

guiados exclusivamente pela razão? Ou que não admitiam que o inconsciente não existia por ser um golpe no nosso amor-próprio?[52]

Uma crítica comum feita aos *splatters* é a qualidade dos atores. A maioria do elenco desses filmes é jovem e inexperiente, o que geralmente se traduz em atuações amadoras.[53] Isso seria fatal para qualquer outro gênero de cinema, mas isso não acontece com os *splatters*. Por quê? Porque o verdadeiro "centro emocional" da trama não são seus jovens protagonistas e sim o vilão do filme.[54]

Uma crítica semelhante foi apontada ao clássico *Psicose* (1960) do "mestre do suspense", o diretor britânico Alfred Hitchcock (1899-1980). Apesar da qualidade dos atores ser muito superior à da maioria dos *splatters*, Hitchcock foi acusado de não conseguir desenvolver nenhum personagem simpático para o público se identificar.[55] O diretor declarou que isso não era necessário,[56] até porque um dos objetivos do filme era o público se identificar com o assassino,[57] Norman Bates (Anthony Perkins)!

---

52. *Ibid*, p. 247.
53. DIKA, *op. cit.*, p. 91.
54. WOOD, *op. cit.*, p. 32.
55. TRUFFAUT, 2004, p. 274.
56. *Ibid*.
57. *Ibid*, p. 278.

Os críticos também reclamam dos filmes de terror repetir *ad nauseum* a mesma fórmula básica,[58] repetindo as mesmas histórias, os mesmos personagens e os mesmos sustos. Essa qualidade de "já visto" é de fato uma tradição do gênero.[59] Essa repetição *ad nauseum*, secretamente, tem duas funções importantes. Freud comenta que essa qualidade de "já visto" nesse tipo de história adiciona uma dimensão determinista infalível. É como se você soubesse de antemão que vai enfrentar uma situação da qual não vai poder escapar.[60] Essa compulsão à repetição, segundo ele, dá a aparência de "uma força 'demoníaca' em ação".[61] Essa compulsão à repetição tem outro desdobramento: ela é a tentativa de resolver algum conflito psicológico do passado, represado pelo ego em algum lugar do inconsciente.[62]

Por fim, podemos dizer que o sucesso de um filme de terror depende de um equilíbrio delicado entre fantasia e realidade. Hitchcock, antes de ser canonizado como um dos grandes do cinema, foi acusado repetidamente de ser inverossímil,[63] ao que ele respondeu:

---

58. CARROL, *op. cit.*, p. 97.
59. DIKA, *op. cit.*, p. 86.
60. FREUD, 1996, vol. 18, p. 255.
61. FREUD, 1996, vol. 17, p. 46.
62. *Ibid*, p. 31.
63. TRUFFAUT, *op. cit.*, p. 100.

> A verossimilhança não me interessa.[64] [...] se você quiser analisar tudo e construir tudo em termos de plausibilidade e verossimilhança, nenhum roteiro de ficção resiste a essa análise e você só poderia fazer uma coisa: documentários.[65]

Na minha opinião, o sucesso de um filme de terror depende muito do delicado equilíbrio entre verossimilhança e fantasia. Com a palavra, novamente, Hitchcock:

> Nunca filmo uma fatia de vida porque isso as pessoas podem muito bem encontrar em casa ou na rua [...]. Não precisam pagar para ver uma fatia de vida. Por outro lado, também afasto os produtos de pura fantasia, pois é importante que o público possa se reconhecer nos personagens. Fazer filmes, para mim [...], em primeiro lugar é, acima de tudo, contar uma história. Essa história pode ser inverossímil, mas nunca deve ser banal.[66]

Afirmo que desmerecer a sua narrativa muitas vezes "simplória" das estórias de terror é um engano.

---
64. *Ibid*, p. 99.
65. *Ibid*, p. 100.
66. *Ibid*, p. 101.

Uma vistoria *au passant* nunca vai proporcionar uma apreciação crítica e permitir a verdadeira compreensão da fascinação por esse gênero. Uma análise minuciosa desses filmes pode revelar uma riqueza de tramas "subterrâneas", muito além do inicialmente suspeito.

O começo do fim

Eu teria gostado de ter tempo para falar da história dos filmes de terror – se a produção do gênero não fosse tão vasta. De *O Gabinete do Doutor Caligari* (1919) até as próximas estreias no Multiplex próximo de você, o trabalho de catalogação e análise desses filmes iria muito além da ambição deste livro. Por isso, vou me concentrar naquele estranho período da cultura americana entre os loucos anos 1960 até o fim da "decadente década" de 1970.

Hollywood, naquela época, tinha faturado alto com um legítimo filme de terror: *O Bebê de Rosemary* (1967). Aproveitando o filão conseguiu mais dois megassucessos: *O Exorcista* (1973) e *A Profecia* (1976).[67] Outros dois filões hollywoodianos também ganharam com isso: os filmes de suspense e de ficção científica, ao exemplo do primeiro sucesso de Steven Spielberg no cinema, *Tubarão* (1975), e *Alien – o Oitavo Passageiro* (1979), de Ridley Scott.

---

67. BADDELEY, *op. cit.*, p. 129.

O tipo de cinema retratado neste livro, no entanto, deve muito mais a uma corrente paralela ao terror superproduzido de Hollywood. São os filmes baratos de terror e ficção científica do circuito "alternativo" dos *drive-ins*. Gosto de achar que há dois filmes que são um microcosmo das quatro séries tratadas nesta obra. Um é *Psicose*, feito de propósito dentro dessa estética de baixo orçamento.[68] Além dos famosos truques de manipulação emocional do diretor,[69] *Psicose* aborda a fascinação americana por *serial killers*.[70] O outro é *A Noite dos Mortos Vivos* (1968), de George Romero. À primeira vista uma história simples de pessoas encurraladas por zumbis em uma fazenda, o filme aborda desde a dissolução da família nuclear americana[71] até o nosso medo ancestral dos mortos.[72]

---

68. BADDELEY, *op. cit.*, p. 129.
69. DUNCAN, 2003, p. 159.
70. SCHECHTER, *op. cit.*, p. 9.
71. DILLARD, 1987, p. 14.
72. FREUD, 1996, vol. 21, p. 66.

Capítulo 2
O Massacre da Serra Elétrica

Texas, 18 de agosto de 1973

No fim dos anos 1960, os Estados Unidos estavam em guerra. não só contra o Vietnã, mas contra si mesmos. De um lado do *front* estavam os filhos da Depressão de 1930, guardiões de Deus, Pátria e Família. Para eles, América *über alles*. Do outro lado estavam os *hippies* pregando pacifismo, "amor livre" e o evangelho da expansão da consciência à base de psicodelia e zen-budismo. Eles, também conhecidos como os *flower children*, geraram uma revolução social sem precedentes na cultura jovem. Sentimos os efeitos dessa revolução de consciência até hoje.

Tobe Hooper, um nativo de Austin, Texas, foi filho da era *hippie*. Esse jovem – já veterano de comerciais e documentários – filmou o premiado *Eggshells*, em 1969. Com sua narrativa fragmentada, semi-improvisada,[73] o filme conta a história de um ser eletro-orgânico que vai "possuindo" uma casa onde um grupo de pes-

---
73. JAWORZYN, 2013, p. 29.

soas vive em comunidade. Segundo o próprio Hooper é "um filme real sobre 1969" e tem suas "influências sociais e políticas" implantadas no enredo.[74]

Mas "o sonho acabou", como disse John Lennon,[75] e na ressaca do movimento *hippie*[76] o jovem cineasta arranjou outro jeito de "bater de frente com o sistema". Juntou-se com Kim Henkel[77] para escrever um roteiro levemente baseado na vida do psicopata Ed Gein.[78] O roteiro também juntava o amor de Hooper pelos quadrinhos da EC,[79] seu medo de serras-elétricas e qualquer outra coisa que a dupla conseguisse lembrar.[80] Warren Skarren do *Texas Film Comission* deu o elemento final, fornecendo o título, tão icônico quanto o próprio filme.[81]

Em 15 de julho de 1973, começam as filmagens.[82] Foram seis semanas inteiras, com a produção trabalhando de 12 a 16 horas por dia. Além desse ritmo frenético

---

74. *Ibid*, p. 34.
75. MUGGIATI, 1983, p. 72.
76. JAWORZYN, *op. cit.*, p. 46.
77. *Ibid*.
78. *Ibid*, p. 52.
79. A lendária Entertainment Comics vulgo EC tinha como carro-chefe três títulos: *Haunt of fear*, *Vault of horror* e *Contos da cripta*. O último é velho conhecido nosso, por causa da série de televisão homônima. Os quadrinhos da EC eram famosos por suas mortes violentas: enforcamentos, imolações, desmembramentos. A justificativa dos chefões da EC é que as pessoas mortas eram ruins e mereciam isso. A EC acabou sendo censurada e saiu do mercado, por causa do pânico moral que causou na severa da década de 1950, incentivada por especialistas duvidosos que afirmavam que a EC "corrompia a juventude americana", incentivava a violência. Para mais informações sobre a EC consultem *Goth Chic*, de Gavin Baddeley (Rocco, 2005).
80. JAWORZYN, *op. cit.*, p. 29.
81. *Ibid*, p. 50.
82. *Ibid*, p. 69.

de trabalho, a produção e os atores não tinham *trailers* para se defender do calor texano que atingia em média 40º C na sombra.[83]

O cume da exaustão foi o famoso "jantar em família". Essa cena demorou 26 horas para ser concluída, em pleno verão. Pelo fato de o jantar, obviamente ser à noite, a casa toda teve de ser selada. Sem ventilação, o clima ficou ainda mais abafado. Os atores, que estavam há semanas sem lavar a roupa, ainda tiveram que aguentar o cheiro de comida podre e de restos humanos queimados, por causa de um abajur feito de ossos.[84] John Dugan, responsável pelo papel de Grandpa, teve que ficar quase dois dias acordado. Aguentou 23 horas de maquiagem,[85] e mais as horas para terminar a cena do jantar.[86]

O filme estreou finalmente em 11 de outubro de 1974.[87] Orçado em 125 mil dólares,[88] *O Massacre da Serra Elétrica* acabou rendendo, em uma estimativa conservadora entre 30 a 100 milhões de dólares apesar dos envolvidos não terem retorno do dinheiro investido.[89] A companhia que lançou o filme, Bryanston, tinha ligações com a máfia. As maracutaias da Bryston

---
83. *Ibid*, p. 70.
84. *Ibid*, p. 78.
85. *Ibid*, p. 77.
86. *Ibid*, p. 78.
87. *Ibid*, p. 97.
88. *Ibid*, p 89.
89. *Ibid*, p. 102.

diluíram tanto o dinheiro que centenas de milhares de ganho viram centenas sem milhar.[90]

As histórias da censura com o filme mereciam um capítulo à parte. *Massacre* foi proibido por mais de dez anos na Alemanha, Suécia, Finlândia e Brasil. Na Inglaterra demorou 25 anos para ser exibido, sem cortes![91] Justiça seja feita: o filme era tão forte para a época que os cinemas americanos chegaram a distribuir sacos de vômito, antes das sessões.

"É um filme doentio, assim como o seu público", proclamou um jornal católico da época. As resenhas menos ácidas diziam que ele era "desagradável, mas não desprovido de inteligência".[92] Outras o relacionavam com o escândalo de Watergate, dizendo que o filme seria a prova de que "o pior de todos os monstros é, ironicamente, o próprio homem".[93]

Foi só depois de ser exposto no Festival de Cannes (1975)[94] que os críticos começaram lentamente a mudar a sua impressão inicial do filme. A avaliação do "rei do terror", Stephen King, situa bem o lugar que *O Massacre da Serra Elétrica* ocupa no panteão cinematográfico contemporâneo. O filme estaria "na fronteira do que

---

90. *Ibid*, p 100
91. *Ibid*, p. 126.
92. *Ibid*, p. 129.
93. *Ibid*, p. 131.
94. *Ibid*, p. 105.

pode ser considerado arte" mas tem méritos pela sua execução e qualidade técnica.⁹⁵ *Massacre* hoje é considerado um *cult*.⁹⁶ Tem uma cópia dele no Museu de Arte Moderna (M.MA) americano, inclusive.⁹⁷

Ed Gein, o "pai" de Leatherface

Edward Theodore Gein, vulgo Ed Gein, é o protótipo-mor do *serial killer* cinematográfico. Sua vida e suas façanhas grotescas, além de inspirarem *O Massacre da Serra Elétrica*, foram também influência direta em pelo menos dois outros ícones: Norman Bates de *Psicose*,⁹⁸ Michael Myers, da série *Halloween* e Buffalo Bill do *Silêncio dos Inocentes* (1991).⁹⁹

Ed viveu boa parte de sua vida em Plainfield, um vilarejo no centro de Wisconsin, Estado ao norte dos Estados Unidos.¹⁰⁰ Ele e seu irmão Henry foram o fruto de um casamento infeliz entre um alcoólatra violento e uma fanática religiosa. O patriarca George morreu de ataque cardíaco, em 1940, e os irmãos Gein ficaram ainda mais à mercê das imprecações da mãe,

---
95. *Ibid*, p. 107.
96. *Ibid*, p. 94.
97. *Ibid*, p. 97.
98. *Ibid*, p. 282
99. *Ibid*, p. 283
100. *Ibid*, p. 279.

Augusta.¹⁰¹ O mundo, para Augusta, estava infestado de pecadores, e ela tinha como obrigação proteger seus filhos das pecadoras que queriam arrastá-los para uma longa temporada no mármore do inferno.¹⁰²

Criado nesse ambiente sufocante, não era à toa que Eddie era visto desde sempre como o "maluco da cidade". Apesar de suas conversas sempre girarem em torno de nazismo, caçadores de cabeça tropicais e anatomia humana, suas esquisitices eram toleradas. Eddie era tido como inofensivo (um dos "bicos" dele era trabalhar de babá) pelos bons cidadãos de Plainfield.¹⁰³

A vida cáustica de Eddie tomou um rumo ainda mais drástico entre em meados dos anos 1940. Eddie era servil aos castigos psicóticos da mãe, mas seu irmão mais velho, não. Talvez seja por isso que Henry morreu em 1944, sob condições suspeitas. Augusta seguiu seu primogênito, morrendo depois de uma série de derrames no fim de 1945. Aos 39 anos, Eddie estava sozinho no mundo¹⁰⁴ – e foi aí que sua psicose aflorou com força total.¹⁰⁵

---

101. SCHECHTER, 2013, p. 375..
102. JAWORZYN, *op. cit.*, p. 280.
103. *Ibid.*
104. SCHECHTER, *op. cit.*, p. 375.
105. JAWORZYN, *op. cit.*, p. 280.

Demoraram doze longos anos para Plainfield se dar conta do estrago que a morte de Augusta tinha feito em Eddie. Tudo começou com o desaparecimento de Bernice Worden. Frank, filho de Bernice, achou uma trilha de sangue na loja da mãe indo da recepção até a porta dos fundos. Frank também achou um recibo do último comprador da loja: Edward Gein.[106]

A batida policial na propriedade Gein revelou à cidadezinha um verdadeiro show de horrores. Logo de cara depararam-se com um corpo decapitado e estripado, pendurado na cozinha. Era a senhora Wonder.[107]

O inventário macabro de Gein era impressionante. Entre eles, nove "máscaras" feitas dos rostos de mulheres falecidas, pratos de sopa à base de crânios serrados e um cinto decorado com mamilos.[108] Eddie também usava pele humana para fins de decoração; dentro de suas obras de "arte" estavam abajures, camisas, assentos de cadeira e até uma bolsa.[109]

Depois de preso, Gein foi declarado insano pela corte[110] e passou o resto de seus dias trancafiado em

---

106. SCHECHTER, *op. cit.*, p. 377.
107. *Ibid.*
108. *Ibid.*
109. JAWORZYN, *op. cit.*, p. 279-280.
110. *Ibid.*, p. 282.

instituições psiquiátricas.¹¹¹ Morreu em 26 de julho de 1984, aos 77 anos. Seu corpo foi enterrado ao lado de sua mãe, no cemitério de Plainfield.¹¹²

Sobre a inspiração de Ed Gein, Hooper conta:

> Meus parentes, que moravam em uma cidade próxima à de Ed Gein, me contaram essas histórias terríveis, aquelas histórias de abajures e móveis feitos de pele humana. Cresci com esses fatos como se fossem histórias de terror contadas ao redor de uma fogueira de acampamento. Eu nem mesmo conhecia Ed Gein, sabia apenas de uma coisa horrenda que tinha acontecido naquele lugar. Porém, as imagens permaneceram na minha mente.¹¹³

O "estranho"

O primeiro *O Massacre da Serra Elétrica* explora muito bem o 'estranho'. O recurso do 'estranho' aparece de várias formas, mas em *Massacre* ele aparece basicamente de dois jeitos. Um é quando é inserido um elemento bizarro (e assustador) em situações banais do

---
111. SCHECHTER, *op. cit.*, p. 377.
112. JAWORZYN, *op. cit.*, p. 282.
113. BADDELEY, 2005, p. 130.

dia a dia.[114] O segundo é quando são revividos medos infantis reprimidos[115] – medo do escuro, de ficar sozinho, do silêncio absoluto[116] – de um jeito simbólico. Freud pontuou, sobre essa segunda forma do 'estranho', que ele é secretamente familiar para nós.[117]

O filme começa com a narração de John LaRoquette:

O filme que verão é baseado na tragédia que assolou um grupo de cinco jovens, especialmente Sally Hardesty e seu irmão inválido, Franklin. Foi mais trágico devido ao fato de serem jovens. Mas, mesmo se tivessem vivido muito, jamais teriam esperado, ou desejado, ter visto o que viram naquele dia. Para eles, um passeio de domingo à tarde tornou-se um pesadelo. Os acontecimentos daquele dia guiaram o desfecho de um dos mais bizarros crimes da história norte-americana: o massacre da serra elétrica.[118]

Em seguida vemos uma imagem preta e vermelha do sol, soltando rajadas de fogo. Segundo Hooper, a ideia dessas imagens veio do suposto efeito que as man-

---
114. FREUD, 1996, vol. 18, p. 267.
115. *Ibid*, p. 265.
116. *Ibid*, p. 263.
117. *Ibid*, p. 262.
118. Narração extraída do filme *O Massacre da Serra Elétrica* (1974).

chas solares têm sobre o comportamento humano.[119] Essas imagens vem acompanhadas pela percussão estranhícima de Wayne Bell e Tobe Hooper.[120]

Depois de anunciada a data dos eventos do filme, 18 de agosto de 1973, entra uma cena clássica. (Não vou contar. Vejam o filme). Corta para cinco jovens em uma Kombi, dirigindo-se para um cemitério de um povoado texano. Uma deles, Sally (Marilyn Burns), procura saber onde está enterrado o avô.

Enquanto isso, o irmão paralítico de Sally, Franklyn (Paul A. Partain), fica ouvindo os delírios de um coveiro embriagado:

> O que aconteceu eu posso até contar... Eu vejo coisas, sabe? Eles dizem, "é só um velho falando". E vocês riem de um velho. Mas parece que saberão no fim quem sabe mais.[121]

Depois do cemitério, já na estrada, eles dão carona para um sujeito suspeito (Ed Neil). Entre o fetiche do sujeito por fotos de gado abatido e a peripécia de cortar a própria mão – intencionalmente, diga-se – com a faca tirada de Franklin, seu comportamento instala um clima

---
119. JAWORZYN, *op. cit.*, p. 46.
120. *Ibid*, p. 89
121. Diálogo extraído do filme *O Massacre da Serra Elétrica* (1974).

de tensão vomitante. Para o alívio dos passageiros, o carona finalmente salta – literalmente – da Kombi, mas não antes de cortar a mão de Franklin e borrar o lado do carro com sangue.

Preocupada com o sucesso da viagem, Pam (Teri McMinn) vai consultar o horóscopo:

> Ei, ouçam o horóscopo do Franklin. É sobre viagens pelo campo. 'Planos a longo prazo, limitar pessoas ao seu redor. Isto pode transformar este em um dia perturbado ou imprevisível. E os acontecimentos não são capazes de alegrar.[122]

E tem mais:

> Capricórnio é regido por Saturno. Há momentos em que não podemos acreditar que o que está acontecendo é real. Belisque-se e descobrirá que não está sonhando.[123]

A consulta astrológica de Pam, além de ser uma referência ao passado *hippie* de Tobe Hooper, mexe com uma crença antiga: a de que as nossas vidas são regi-

---
122. *Ibid.*
123. *Ibid.*

das por forças além de nossa compreensão. Juntando a previsão e os eventos do dia, o horóscopo de Franklin é uma tragédia de uma morte anunciada.

Preocupados com o nível do combustível, a turma para a fim de reabastecer. O dono do posto onde param – outro sujeito esquisito – diz que a gasolina só vai chegar daqui a alguns dias (!). É muito azar. No meio do nada, com a gasolina acabando, logo depois do incidente com o carona! Para completar o quadro, Franklin nota o borrão de sangue do lado da Kombi. Ele pergunta a Kirk (William Vail) se o carona não tinha feito isso de propósito, com a intenção de segui-los...

Do posto, eles partem para uma casa abandonada onde Franklyn e Sally brincavam quando pequenos. Pam e Kirk saem procurando uma piscina, seguindo as instruções de Sally. No fundo da propriedade eles avistam uma casa antiga, aparentemente deserta... Mas, espreitando dentro dessa casa semiabandonada está o mítico Leatherface.

O matadouro

Quando Pam finalmente entra na velha casa vitoriana, procurando por Kirk, o filme vira um pesadelo vivo. Essa casa é um gigantesco ossuário, toda mobiliada pelos restos mortais de animais e seres humanos.

O terror sentido por Pam não é nada difícil de entender. Esqueletos,[124] caveiras[125] e até o estado meio abandonado da casa[126] estão simbolicamente ligados à morte. Nessa mistura de casa e matadouro, a morte faz parte do cotidiano – e da decoração.

Por trás da máscara de couro

No alto de seus 1,93 m,[127] Leatherface (Gunner Hansen) é uma incógnita. Nada sabemos dele e de sua "família". Eles não tem nome próprio além da estrutura da família ser confusa. Temos um "vovô" e uma "vovó" morta, apodrecendo no porão. E o resto? Afinal, são três irmãos? E onde está o pai deles? Outro mistério é onde foram parar as mulheres da família. Quando o assunto é levantado, o roteirista Kim Henkel prefere fazer segredo.[128]

Outra coisa interessante da família de Leatherface é sua "esquizofrenia moral". Isso fica evidente quando o cozinheiro da família (Vim Saledow) chega em casa e fica revoltado quando vê a porta da entrada destruída. Como alguém pode se importar tanto com uma porta, no meio de tanta carnificina? É a lógica muito peculiar dessa "família de Ed Geins": matar, desmembrar

---
124. CIRLOT, 1997, p. 203.
125. *Ibid*, p. 122.
126. *Ibid*, p. 63.
127. http://www.imdb.com/name/nm0360815/bio?ref_=nm_oV_bio_sm.
128. JAWORZYN, *op. cit.*, p. 58.

e comer seres humanos pode. Serrar a porta? Jamais, porque demonstra uma "falta de orgulho pelo próprio lar", segundo Kim Henkel.[129]

Henkel diz que tirou a ideia dessa cena ao ler sobre o comportamento contraditório dos *serial killers*. É incrível ver como eles conseguem professar – e praticar – uma série de valores morais e éticos ao mesmo tempo em que são capazes de cometer as atrocidades pelas quais são conhecidos.[130] Não é à toa que o termo para psicopatia na época vitoriana era, justamente, "insanidade moral".[131]

Além da família, outra característica interessante do filme é a máscara de Leatherface. (Ele foi o primeiro *slasher* a usar uma). Repararam que ele muda de personalidade de acordo com o tipo de máscara que usa? Suas diferentes máscaras expressam o que ele sente naquele instante e permitem a Leatherface "ser" alguém, porque debaixo delas não existe nada cortar isso.[132] É como o próprio Tobe Hooper disse, explicando que *o Massacre* era um filme sobre gente "louca" e "retardada" que "ultrapassaram a linha entre os animais e humanos"..[133]

---

129. *Ibid*, p. 56.
130. *Ibid*,
131. SCHECHTER, *op. cit.*, p. 29.
132. *Ibid*, p. 43.
133. *Ibid*, p. 28.

O poder da sugestão

A antológica cena do chuveiro em *Psicose* tem um detalhe interessante: nunca vemos a faca tocar em Marion Crane. E não há feridas à vista. No lugar delas temos os acordes cortantes de Bernand Hermann e o sangue descendo pelo ralo, justaposto com o olho inerte de Marion.[134] Esse é um clássico "poder de sugestão". Mostra-se um assassinato sem revelar os detalhes gráficos, levando o espectador a preencher as lacunas com a sua imaginação.

A violência no primeiro *Massacre da Serra Elétrica*, apesar de ser mais explícita em relação à *Psicose*, não chega a ser gráfica se comparada ao resto da série. Não vemos os miolos de Kirk e Jerry espatifados pelo chão, quando são abatidos como gado. Nem vemos os detalhes da cabeça de Kirk sendo serrada. Não vemos o gancho perfurando o corpo de Pam, quando é pendurada como se fosse um pedaço de carne. Também não vemos as entranhas de Franklin quando ele é eviscerado por Leatherface.

Mas sentimos o cruel destino deles, como se na nossa própria carne fosse.

---
134. EBERT, 2004, p. 421.

Nisso, *Massacre* tem um recurso interessante: ele deixa o espectador imaginar como foi a cena. Isso é mais eficiente do que mostrá-la em detalhes. Robert Burns, responsável pela "decoração" da casa de Leatherface, convenceu Hooper disso. Burns declarou numa entrevista:

> Eu sempre insisti que efeitos explícitos, não importa o quão realistas sejam, criam uma distância, entre a plateia e a história, porque, subliminarmente, o público sabe que eles são manufaturados. Isso amortece o impacto da plateia – "é apenas um filme".[135]

"Baseado em uma história real..."

Nas peças da campanha de divulgação do filme, uma frase sempre chamava a atenção: "o que aconteceu é verdade!". Sabemos que isso não é bem verdade; mesmo assim, tem gente que até hoje acredita que a história do filme realmente aconteceu.[136]

Um fato que ajudou a criar esse clima foi o baixo orçamento do filme. *O Massacre da Serra Elétrica* foi todo rodado em 16 mm, por ser um formato barato. Que o filme perdeu em qualidade com a película ficando

---
135. JAWORZYN, *op. cit.*, p. 82.
136. *Ibid*, p. 111.

"granulada", compensou em "realismo". Explico: a maioria dos documentários daquela época eram filmados em 16 mm.[137]

Anos depois, os produtores de *A Bruxa de Blair* (1999) e *Wolf Creek – Viagem ao Inferno* (2005) usaram um truque parecido. O primeiro filme é sobre três jovens que se perdem em uma floresta em busca de uma bruxa mítica. O fato de ser praticamente todo feito em câmeras de mão amadoras ajudou bastante na sua credibilidade no quesito "fatos reais". Já *Wolf creek* se passa nos *outbacks* da Austrália, onde três jovens pedem uma carona fatal. Suas peças publicitárias vinham com a frase "baseado em fatos" (não era).

Açougueiros sulistas canibais

Um dos motivos de *O Massacre da Serra Elétrica* fazer tanto sucesso foi sua habilidade para tocar em algumas crenças profundas – sejam elas especificamente norte-americanas ou da nossa cultura como um todo.

Para muitos moradores dos Estados Unidos o "Old South" traz associações negativas. O Texas, p. ex., foi onde o presidente John F. Kennedy (1917-1963) foi assassinado. É também a terra da Ku Klux Klan e uma

---

137. *Ibid*, p. 75.

"terra de ninguém", igual ou pior ao mítico "velho Oeste".[138]

John Carpenter, diretor de *Halloween* (1978), contou para a imprensa várias vezes como suas experiências no "Velho Sul" americano inspiraram seus filmes de terror. John e sua família eram ianques cosmopolitas que foram parar em Bowling Green, uma cidadezinha rural no meio do "Bible Belt". Um dos incidentes que sempre conta é o de dois colegas de escola que, a título de diversão, foram para a parte pobre da cidade para atirar nos moradores. Outro era uma história contada por uma ex-namorada: a de seu avô ter atropelado um afro-americano no meio da rua só porque não gostou do jeito que ele andava.[139] "Sabem todos aqueles clichês do "Velho Sul"? Eles são verdadeiros", declarou em uma entrevista.[140]

A imprensa americana sempre foi pródiga em chamar seus *serial killers* de "açougueiros". O caso mais famoso foi o do "açougueiro de Kingsbury Run", que aterrorizou o Estado de Ohio durante os anos 1930. Apesar de nunca identificado o "matador de Cleveland" foi apontado como autor da morte e mutilação de 12 pessoas.[141] Aproveitando a deixa, Hooper e Henkel uniram o útil ao desagradável: fizeram dos

---
138. JAWORZYN, op. cit., p. 92-93.
139. BOULENGER, 2003, p. 60.
140. BORST, 2004, p. 170.
141. SCHECHTER, *op. cit.*, p. 366.

vilões de *O Massacre da Serra Elétrica* serem, *literalmente*, açougueiros.

Por último, temos o aspecto mais pungente do "charme" dos Sawyers: seu canibalismo. Além do incesto e da ânsia de matar, o canibalismo é apontado por Freud[142] como um dos três tabus fundamentais de nossa cultura. O tema é geralmente tratado como assunto para antropólogos e propriedade exclusiva de tribos "primitivas", remanescentes de um "passado longínquo" do homem, ainda não tocados pela "luz da civilização".

Nossa repulsa a canibais contrasta com a fascinação que muitos têm por eles, quando apresentados a uma distância segura em filmes, livros, etc. Essa fascinação velada foi responsável pela imortalização do psiquiatra psicopata Hannibal Lecter, protagonista da trilogia *O silêncio dos inocentes* (1991), *Hannibal* (2001) e *Dragão vermelho* (2002).[143] A atuação de Anthony Hopkins no primeiro filme da série lhe rendeu um *Oscar*, levando sua carreira a um novo patamar.

Em uma nota digna de interesse, um dos casos mais famosos de canibalismo aconteceu justamente aqui, no Brasil. É a história surreal de Hans Staden (1525-1579), um artilheiro alemão capturado pelos índios Tupinam-

---

142. FREUD, 1996, vol. 21, p. 20.
143. Na verdade, *Dragão Vermelho* foi o primeiro a ser escrito (1983) e depois filmado com o título de *Caçador de Assassinos* (1986).

bás. Ele esteve em cativeiro por noves meses, de onde presenciou o "estranho" comportamento dos índios.[144]

Staden, um cristão devoto, teve suas razões em estranhar os costumes dos nativos. Eles nem eram batizados e circuncidados,[145] e não faziam tipo algum de esforço para cobrir suas "vergonhas".[146] Staden também ficou horrorizado com a idolatria dos Tupinambás[147] e seu desdém pelo Deus cristão, ao qual chamavam de *teõuira* – "imundice", na língua Tupinambá.[148]

Na sua estadia entre os "selvagens", o que mais chocou Staden, no entanto, foi presenciar os rituais de "antropofagia" – o termo científico e inócuo para canibalismo. Os Tupinambás, conta Staden, não faziam isso para saciar fome – faziam, sim, por puro ódio ao inimigo.[149] Esses rituais eram grandes festas, nas quais submetiam sua futura refeição a vários tipos de ridículo.[150] Finalmente, depois de alguns cânticos e danças, matavam o prisioneiro com um golpe de maça. Imediatamente depois ele era esfolado e esquartejado em quatro partes, exibidas com a maior alegria pela vila. As vísceras eram distribuídas para as mulheres, e a língua e o cérebro para as crianças.[151]

---

144. STADEN, 1999, p. 16.
145. *Ibid*, p. 101.
146. *Ibid*, p. 94.
147. *Ibid*, p. 102.
148. *Ibid*, p. 63.
149. *Ibid*, p. 104.
150. *Ibid*, p. 106.
151. *Ibid*, p. 108.

Quanto às caveiras que sobravam, era comum estarem cravadas em lanças, "decorando" a entrada das vilas.[152]

"A pornografia do terror"

O Massacre da Serra Elétrica foi um dos primeiros filmes de terror modernos acusado de ser misógino, um estigma que até hoje persegue o gênero. A intensa tortura física e mental que Sally passa nas mãos de Leatherface e companhia parece ter sido o argumento-mor para *Massacre* ser taxado de machista.[153] Outro argumento usado foi a misteriosa ausência de mulheres vivas na "família".[154] Opiniões de gente como o diretor da Comissão Britânica de Censores de Cinema, James Ferman,[155] famoso por descrever o filme de "a pornografia do terror",[156] não ajudou em nada a defesa do filme.

Os participantes de *Massacre* se defenderam acusando os críticos de terem interpretado mal o filme. *Massacre*, segundo eles, não teria indícios de uma violência gratuita especialmente voltada às mulheres. A própria Marilyn Burns é uma das primeiras a se indignar com essa situação; faz questão de dizer que sua personagem é vitoriosa, porque sobreviveu. Os

---
152. *Ibid*, p. 92.
153. JAWORZYN, *op. cit.*, p. 125.
154. *Ibid*, p. 58.
155. *Ibid*, p. 124.
156. *Ibid*, p. 125.

números não mentem. Como disse Gunnar Hansen, ex-Leatherface, "quatro morreram: três homens, e apenas uma mulher...". Na famosa cena do jantar, "quando Sally sugere isso (sexo, em troca de sua vida)", diz Kim Henkel, "eles dão risada na cara dela. Não é a deles"![157]

Continuações

Depois de *O Massacre da Serra Elétrica*, a carreira de Tobe Hooper andou aos trancos e barrancos. A sua estreia em Hollywood, *Eaten alive* (1976), foi uma decepção.[158] *Eaten Alive* foi seguido pela adaptação de dois livros de Stephen King: a minissérie televisiva *A Mansão Marsten* (1979) e o filme *Pague Para Entrar, Reze Para Sair* (1981).[159]

A carreira de Hooper atingiu um pico quando dirigiu *Poltergeist – o Fenômeno* (1982), uma produção de Steven Spielberg. O filme teria posto Hooper no primeiro escalão de Hollywood, se não fossem as brigas com Spielberg no *set*.[160]

Depois de *Poltergeist*, a carreira de Hooper estagnou até a chegada da Cannon Films.[161] Com um orçamento generoso de US$ 25 milhões, produziu *Força sinistra* (1985),

---
157. *Ibid*, p. 84.
158. *Ibid*, p. 142
159. *Ibid*,
160. *Ibid*,
161. *Ibid*

seguido dos 12 milhões de *Invasores de Marte* (1986)[162] os dois tiveram um desempenho decepcionante nas bilheterias.[163] Para o seu terceiro e último filme para a Cannon, Hooper decide revisitar o legado de *Massacre*. A produtora israelense, já perdendo a paciência com o diretor, reduz o orçamento do filme para 5 milhões de dólares e dá um prazo de dois meses para o filme ser terminado.[164]

O filme traz Dennis Hopper (*Easy Rider – Sem Destino*, *Apocalipse Now*) no papel de Hardesty-Enright, um xerife que há 12 anos investiga mortes suspeitas no Texas. Na verdade ele procura o paradeiro de quem atacou seus sobrinhos Franklyn e Sally. Ele é ajudado na sua busca por uma DJ, Lefty (Caroline Williams). Depois de muita perseguição os dois lados do *front* se encontram, resultando em um banho de sangue espetacular. Só Caroline sobra pra contar a história. Leatherface dessa vez interpretado por Bill Johnson é estripado pelo xerife, enquanto o irmão gêmeo do carona, Chop-Top (Bill Moseley) é, por sua vez, serrado pela DJ. O restante da família é explodida acidentalmente por uma granada, inclusive o xerife e Leatherface.

Com um roteiro fraco e uma trilha sonora nada espetacular, o filme ainda assim teve um desempenho razoável nas bilheterias. Mesmo, a Cannon foi à

---

162. *Ibid*, p. 157
163. *Ibid*, p. 128.
164. *Ibid*, p. 150.

falência,[165] A carreira de Hooper seguiu o rumo tortuoso de sempre.

Três anos depois de *Massacre 2*, a *New Line* – famosa naquela época por *A Hora do Pesadelo* – compra os direitos da série. O roteirista do filme original, Kim Henkel, foi chamado como consultor.[166] Logo pulou fora, quando percebeu que o projeto não ia ter espaço para suas ideias.[167]

Leatherface – O Massacre da Serra Elétrica 3 abre em uma sequência em que nosso simpático monstrinho está a costurar uma de suas famosas máscaras de couro. Segundo o roteirista, David Chow, a ideia era montar uma associação entre Leatherface e o primeiro filme de *A Hora do Pesadelo*, no qual aparece Freddy Krueger montando sua garra.[168] O fato de Leatherface ainda estar vivo, não deixa de ser um milagre, já que ele foi estripado e explodido no último filme.

O nosso querido "Júnior" ganha uma nova família: uma mãe, o tarado Tinker, uma menininha sinistra (Jennifer Banko) e Tex (Viggo Mortensen), que depois ficaria famoso por interpretar Strider na trilogia *O Senhor dos Anéis* (um dos diretores considerados para *Leatherface* foi Peter Jackson, inclusive).[169] Apesar

---
165. *Ibid*, p. 193.
166. *Ibid*, p. 207
167. *Ibid*, p. 208.
168. *Ibid*, p. 208-209.
169. *Ibid*, p. 182.

das boas atuações,[170] o filme tem um roteiro incoerente,[171] e os cortes da censura americana deixaram o filme ainda mais confuso. O resultado final foi um filme que não agradou ninguém: nem fãs, nem crítica e nem o próprio diretor, Jeff Burr.[172]

A quarta parte (*O Massacre da Serra Elétrica – O Retorno*), escrita e dirigida a contragosto por Kim Henkel,[173] consegue ser pior. O filme começa com Jenny (Renée Zellweger) sendo ameaçada pelo padrasto (David Laurence), que tem más intenções com a sua pessoa. Jenny sai de casa e se junta a três colegas a caminho de um baile de formatura. Eles se envolvem em um acidente e acabam numa versão medíocre de *O Massacre da Serra Elétrica* original. O imortal Leatherface ganha outra nova família. Dois de seus novos membros roubam a cena: Vilmer (Matthew McConaughey) e a ninfomaníaca Darla (Tonie Perenski). Em um saque de roteiro que resgata Ed Gein, Kim Henkel faz imponente Leatherface ter um lado travesti.

A inclusão forçada de um *illuminatti*, Rothman James Gale, deixa o fim do filme extremamente confuso. O objetivo da "família", segundo ele, é o de mostrar a "verdadeira natureza do horror" para suas vítimas. No fim, o filme ainda traz as participações especiais de Marilyn Burns e Paul Partain, os irmãos do primeiro *Massacre*.[174]

---

170. *Ibid*, p. 212.
171. *Ibid*, p. 209.
172. *Ibid*, p. 212.
173. *Ibid*, p. 225
174. *Ibid*, p. 231

Os destaques do filme são, é claro, Zellweger (a eterna Bridget Jones) e McConaughey (*Contato, Interestelar*), os dois em começo de carreira. O filme, depois de um ano de feito, finalmente arranjou um distribuidor, a Columbia TriStar.[175] E justamente por causa desses dois atores, o filme ficou na conserva por três anos! Os boatos da época eram de que o lançamento de *Massacre 4* fora barrado por força da agência Creative Artists, representante de Matthew McCounaghey. Supostamente, eles tinham medo de que a associação do ator a filme de terror teria prejudicado sua carreira, justo quando ela estava prestes a decolar.[176]

O Massacre do remakes elétricos

Num começo de milênio inundado por *remakes*,[177] era inevitável alguém tivesse a ideia de refilmar *Massacre*. Quem tomou a iniciativa foi Michael Bay,[178] diretor da franquia *Transformers*.[179] Junto com Brad Fuller e Andrew Form, Bay funda a produtora Platinum Dunes, especializada em filmes de terror. Segundo o próprio o objetivo da companhia é "fazer filmes de orçamento

---

175. *Ibid*, p. 234.
176. *Ibid*, p. 236.
177. Só os de terror: *A Bruma Assassina / A Névoa* (1980 / 2005), *A Casa de Cera* (1953 / 2004), A *Cidade do Horror / Terror em Amytiville* (1979 / 2005), *A Hora do Espanto* (1985 / 2011), *A Profecia* (1976 / 2003), *A Vingança de Willard* (1971 / 2003), *Carrie, a Estranha* (1976 / 2013), *Despertar dos Mortos / Madrugada dos Mortos* (1978 / 2004), *Enigma do Outro Mundo / A Coisa* (1982 / 2011), *Quadrilha de Sádicos / Viagem Maldita* (1977 / 2005), *Noite do Terror / Natal Negro* (1974 / 2006), *Piranha / Piranha 3D* (1978 / 2010), *Uma Noite Alucinante / A Morte do Demônio* (1981), entre outros.
178. JAWORZYN. *op. cit.*, p. 246
179. http://www.boxofficemojo.com/people/chart/?view=Director&id=michaelbay.htm

baixo para ajudar diretores iniciantes a realizarem um filme".[180] O estreante Marcus Nispel, conhecido pelos seus comerciais e videoclipes, foi convidado para a cadeira do diretor. A direção da fotografia ficou a cargo de Daniel Pearl, responsável pela fotografia do *Massacre* original.[181]

Outro objetivo da Platinum Dunes é revelar novos talentos, descobrir astros em potencial.[182] No papel principal ("Erin") está a modelo Jessica Biel, que veio a participar de *Idas e Vindas do Amor* (2010), *Esquadrão Classe A* (2010) e o *remake* de *O Vingador do Futuro* (2012). Eric Balfour ("Kemper") já fez pontas nos seriados *Six Feet Under*, *24 Horas* e *The West Wing*. Erica Leerhsen ("Pepper") atuou em *A Bruxa de Blair 2 – O Livro das Sombras* (2000).

O grande destaque do filme, no entanto, foi o veterano R. Lee Ermey no papel do xerife Hoyt. O seu trabalho mais conhecido é *Nascidos para Matar* (1986), onde fez o papel do impagável Sargento Hartman. Segundo Brad Fuller, Ermey fazer parte do elenco foi um "selo de qualidade" para o filme. O ator, que se divertiu bastante com o personagem, descreveu Hoyt como um

---

180. Entrevista extraída dos Extras do DVD de *O Massacre da Serra Elétrica – O Início* (2006).
181. JAWORZYN, *op. cit.*, p. 246.
182. Entrevista extraída dos Extras do DVD de *O Massacre da Serra Elétrica – O Início* (2006).

"maníaco sexual, pervertido e homicida". Foi o papel mais "pitoresco, chocante e ousado" de sua carreia.[183]

O filme tem várias qualidades. Ele não é um *remake* literal do primeiro filme. Parece mais uma reinterpretação da história original,[184] levando mais em conta a história de Ed Gein.[185] A sacada é boa. Um *remake* literal seria um substituto pobre para o original. A ideia de não seguir à risca a história do *Massacre* original é interessante, caso bem feita.

Segundo: a versão de 2003 resgata muitos elementos da versão original. O primeiro elo é a narração de John Larroquette.[186] Outro, mais velado, acontece quando Erin arromba uma porta com uma faca, para a surpresa de Pepper. Erin explica: "irmãos mais velhos". Lembram-se quem ficava brincando com uma faca o tempo todo no primeiro filme da série? Franklyn. Outra referência curiosa ao primeiro filme é quando o "tio" de Leatherface (Terence Evans) diz: "talvez ela fique para o jantar". Por fim, temos a participação especial do Leatherface original, Gunnar Hansen, no papel do caminhoneiro "Big Rig Jack".

Os produtores Andrew Form e Brad Fuller explicaram numa entrevista que tentaram fazer da nova

---
183. *Ibid.*
184. JAWORZYN, *op. cit.*, p. 247.
185. *Ibid*, p. 246.
186. *Ibid*, p. 247.

versão de *O Massacre da Serra Elétrica* um *thriller*, um "terror psicológico" à lá *O Silêncio dos Inocentes*. Segundo a dupla a ideia era voltar a um "modo antigo" de assustar as pessoas "sem fazer piada depois de matar alguém".[187] A produção também quis aproximar esse *reboot* de outro thriller: *7even – Os Sete Crimes Capitais* (1995).[188] Talvez por isso a fotografia de Daniel Pearl diluiu o clima do sol e calor opressivo, típico da franquia, e coloca mais ênfase em ambientes escuros e úmidos é diluído na segunda parte do filme.

Quebrando uma regra tácita dos filmes de terror, os produtores foram a favor de criar um vínculo afetivo entre os protagonistas e a plateia, coerente com as demandas narrativas de um *thriller*. "Você realmente se preocupa com os personagens", diz Jessica Biel. "Você não quer que se machuquem, nem morram".[189] Essa identificação é duvidosa, já que a maioria deles são traficantes e/ou babacas egocêntricos.

Esse *remake*-que-não-é-*remake* reestrutura a família de Leatherface. Dessa vez ele ganha uma família completa – mãe, irmã, tios, um sobrinho e até um pai – que é o xerife da cidade! Isso é sinal de que o novo *Massacre* explora outro tipo de perversidade. Se no de 1974 o pai estava ausente, no filme de 2003 o pai está presente – mas é era melhor se não estivesse.

---

187. Entrevista extraída dos Extras do DVD de *O Massacre da Serra Elétrica* (2003).
188. JAWORZYN, *op. cit.*,, p. 245.
189. Entrevista extraída dos Extras do DVD de *O Massacre da Serra Elétrica* (2003).

Outra modificação: o canibalismo da família original some, junto com a profissão (açougueiros). O tema de "esquizofrenia moral", no entanto, continua presente. Com a palavra, Brad Fuller:

> Estas pessoas não consideram anormal o que estão fazendo. Para eles, é absolutamente normal. Quando você atravessa essas portas o que vale é a lei deles, mais nada vale aqui.[190]

Considero um erro é mostrar Leatherface sem máscara. Se não existe "nada" por baixo dela, para que mostrar? Leatherface usava as máscaras não porque era deformado, mas, sim, porque era desalmado. Isso parece *Sexta-feira 13*, que sempre acabava com Jason tirando a máscara, mostrando seu rosto cada vez mais podre e disforme. O clichê dos clichês, basicamente.

Outra: Leatherface ganha até um nome: Thomas Brown Hewitt. Nenhum dos personagens do *Massacre* original tinham nome. Sabem por quê? Porque eles eram tão animalescos que nem pareciam gente.

Talvez a coisa mais problemática em *O Massacre da Serra Elétrica* 2003 é a tentativa do filme de "explicar" Leatherface. Tobe Hopper e Kim Henkel evitaram

---

190. Entrevista extraída dos Extras do DVD de *O Massacre da Serra Elétrica – O Início* (2006).

qualquer reflexão sobre o que motivava os vilões quando escreveram o roteiro do *Massacre* original.[191] O problema disso é que, quando alguém "explica" um vilão, até sem perceber ele justifica as ações dele. E, por mais grotescas que sejam, o vilão se torna mais humano – e menos assustador. Essa tentativa fica evidente quando a mãe (Marietta Marich) de "Tommy" dispara:

> Conheço o seu tipo. Apenas crueldade e zombaria com o meu menino durante toda a infância dele. Alguém se importou comigo e com o meu filho?[192]

Os responsáveis por *Massacre* 2003 ignoraram uma verdade humana básica: nós temos medo do que não entendemos. É o irracional que nos espanta. Quando alguma coisa estranha e assustadora é explicada, nós adquirimos sobre ela um controle psicológico – e, simultaneamente, recuperamos o nosso autocontrole. É por isso que o primeiro *Massacre* e o primeiro *Halloween* são intocáveis. Seus vilões estão além de qualquer entendimento humano.

Apesar dos pesares o filme rendeu 107 milhões mundialmente, dez vezes o seu orçamento.[193] Sem reajustes de inflação ele é o campeão de bilheteria da

---
191. JAWORZYN, *op. cit.*, p. 133.
192. Diálogo extraído do filme *O Massacre da Serra Elétrica* (2003).
193. http://www.boxofficemojo.com/movies/?id=tcm03.htm.

franquia.[194] Mike Fleiss, coprodutor do filme, acredita que *Massacre* 2003 abriu espaço para *Jogos Mortais* e *O Albergue*.[195] Amando-o ou odiando-o, *Massacre* 2003 introduziu o legado do mortífero Leatherface a uma nova geração.

A franquia volta às telas três anos depois. Como o subtítulo de *O Início*, o "re-novo" *Massacre* é um *prequel* (pré-sequencia) passado em 1969. Segundo seu diretor, Jonathan Liebesman, o filme mistura o original com o de Marcus Nispel. A sua cinematografia é mais granulada, próxima à textura de um documentário.[196] Vimos que isso é uma característica do primeiro filme.[197] Lukas Ettlin, o diretor de fotografia, aponta o estilo mais solto, "câmera-na-mão" desse *Massacre*.[198] É uma referência clara ao estilo Tobe Hooper de filmar, influenciado pelo *cinema verité*.[199] A história retoma algumas registradas da franquia, a exemplo do canibalismo da família Leatherface e a infame cena do jantar.

O Massacre 2006 "resolve" várias questões do filme anterior. Como é que o tio Monty (Terence Evans) perde as pernas? Como é que o xerife Hoyt ficou sem os dentes da frente? Como é que fazendeiros simpló-

---
194. http://www.boxofficemojo.com/franchises/chart/?id=texaschainsawmassacre.htm.
195. Entrevista extraída dos Extras do DVD de *O Massacre da Serra Elétrica – O Início* (2006).
196. *Ibid.*
197. JAWORZYN, *op. cit.*, p. 66.
198. Entrevista extraída dos Extras do DVD de *O Massacre da Serra Elétrica – O Início* (2006).
199. JAWORZYN, *op. cit.*, p. 66.

rios como os Hewitt viraram uma gangue de *serial killers* canibais?

Nas palavras do novo Leatherface, Andrew Bryniarski, o filme "é a história de como um homem se torna um monstro".[200] Órfão, largado no lixo, adotado por uma família doida e vítima de *bullying*, passamos a ver o futuro Leatherface com certa simpatia. Ele é uma vítima das circunstâncias, corrompido pela barbárie à sua volta. É o tema da "vingança dos nerds",[201] velho conhecido das franquias *slasher*. Não mais a ameaça andrógina do original,[202] Leatherface agora é o garoto esquisitão que cresce e vira uma máquina assassina. Vemos a primeira pessoa que ele mata com um martelo: o idiota do seu supervisor (Tim deZarn). A primeira pessoa que ele mata com a motosserra: Holden (Lee Tergensen), o motoqueiro. Vemos também ele confeccionar a sua primeira máscara de pele, feita com o rosto de Eric (Matt Bomer), namorado da protagonista, Chrissie (Jordana Brewster).

Há duas cenas intercaladas que mostram, simbolicamente, essa transição. A primeira se passa no Texas de 1939, no começo do filme. Vemos uma jovem Luda Mae (Allison Marich) que anda pela estrada, carregando Leatherface bebê nos braços. A segunda é em

---
200. Entrevista extraída dos Extras do DVD de *O Massacre da Serra Elétrica – O Início* (2006).
201. BOULENGER, 2003, *op. cit.*, p. 179.
202. JAWORZYN, *op. cit.*, p. 63.

1969. Leatherface caminha na mesma estrada com a sua icônica motosserra a tiracolo. Como disse Hoyt, "Todo garoto uma hora vira homem",[203] principalmente depois de uma noite de carnificina.

Gunnar Hansen, o Leatherface original, não ficou muito feliz com tantas explicações. Ele argumentou o seguinte:

> Acredito que o principal problema que tenho com esse filme é devido ao fato de explicarem o Leatherface e ainda desmascará-lo. Agora não há mais mistério. Acho que a razão para ter tanto apelo e medo no filme é por ele ser um tanto humano, mas não tanto assim, não é possível saber o que ele é. Agora ele não passa de um garoto que teve uma doença de pele na infância e quer se vingar, logo ele está realmente reduzido. É essa a ideia, que o mistério é maior que sua solução.[204]

O Início também oferece uma explicação o canibalismo da família Hewitt. Antes de torturar Dean (Taylor Handley) o xerife conta a sua experiência como prisioneiro na Guerra da Coreia:

---

203. Diálogo extraído do filme *O Massacre da Serra Elétrica – O Início* (2006).
204. JAWORZYN, *op. cit.*, p. 253.

> Em 1952, na Coréia. Eu era um POW. Isto é, um prisioneiro de guerra. E sei o que estou dizendo. Naquela época, não havia regras. Nenhuma regulamentação, como hoje. Se fosse capturado vivo, você tinha duas opções. Morrer de fome... Ou sobreviver. Nós tínhamos de comer. As rações eram escassas. Então, uma vez por semana, uma pobre alma era escolhida.[205]

Mais tarde, antes de começar a infame cena do jantar, Hoyt pede atenção:

> Agora... Vamos agradecer pela generosidade que recebemos. Baixem a cabeça. "Eu tinha fome, e Ele me deu comida. Eu tinha sede, e Ele me deu beber. Eu era um estranho, e Ele me acolheu". Esta família tem suportado infortúnios e sofrimentos. Nós suportamos. Nós prevalecemos. Nós nunca, nunca mais passaremos fome. Amém.[206]

Essa "generosidade" são os restos mortais de Alex (Cya Batten), a mulher de Holden morta por Hoyt. O

---

205. Diálogo extraído do filme *O Massacre da Serra Elétrica – O Início* (2006).
206. *Ibid.*

"nunca passaremos fome" confirma as tendências canibais dos Hewitt dali para frente. A narração de John Larroquette, perto dos créditos finais, conta o tamanho do estrago: de 1969 e 1973 trinta e três pessoas foram mortas para saciar a sua sede de sangue da família.[207]

Se for um erro desmascarar Leatherface, explicar o canibalismo da família também o é. Se o Leatherface de 2006 é no fundo uma vítima, assim é a família Hewitt. Hoyt virou canibal na Guerra Coréia porque não tinha escolha. Os Hewitt de 1969 também viraram canibais por falta de opção. Com o açougue fechado e a cidade abandonada, como iam sobreviver? Condições extremas sempre geram respostas extremas? Caso sim, a perversidade da família Hewitt é justificável.

Ao fazer o *Massacre* de 2003, a equipe da Platinum Dunes queria um "terror psicológico" e não repetir o "banho de sangue" do original.[208] Em *O Início* o discurso é outro. Inspirados pelo voyeurismo sádico de *O Albergue* e *Viagem Maldita* (2006) a ideia agora era levar "tudo ao limite". Segundo Liebesman,

As pessoas querem ver coisas que são meio radicais. Há muitos filmes que saíram recentemente que realmente estendem o limite. E se quer ficar na dianteira, tem de ir além.[209]

---
207. *Ibid.*
208. JAWORZYN, *op. cit.*, p. 246.
209. Entrevista extraída dos Extras do DVD de *O Massacre da Serra Elétrica – O Início*

Contando com o dobro de orçamento do filme anterior, *O Massacre da Serra Elétrica – O Início* teve metade da bilheteria do seu predecessor.[210] De *Massacre* a Platinum Dunes pulou para outro *remake* desastroso, *A Morte Pede Carona* (2007).[211] Eles deram a volta por cima com *Alma Perdida*[212] e a refilmagem de *Sexta-feira 13*,[213] lançados em 2009.

Mas Leatherface, o mito, nunca morre. Janeiro de 2013 marca a estreia de *O Massacre da Serra Elétrica 3D – A Lenda Continua*. O filme, no primeiro fim de semana do ano, superou as bilheterias de *Django Livre* (2012) e *O Hobbit: Uma Jornada Inesperada* (2012).[214] *O Massacre 3D* é uma sequencia do filme original. Ele começa no exato momento que Sally escapa. Sobre isso: John Luessenhop, diretor, foi fiel ao legado da franquia. Conversou com Kim Henkel para entender melhor o original e convidou, inclusive, Gunnar Hansen e Marilyn Burns para o elenco do filme. O próprio Tobe Hooper elogiou bastante o filme.[215]

A escolha pelo 3D foi, provavelmente, por motivos comerciais. Em 2009 *Avatar* enfeitiçou o mundo com o seu uso revolucionário do formato.[216] Esse encanto

---
(2006).
210. http://www.boxofficemojo.com/movies/?id=tcmbeginning.htm.
211. http://www.boxofficemojo.com/movies/?id=hitcher07.htm.
212. http://www.boxofficemojo.com/movies/?id=unborn09.htm.
213. http://www.boxofficemojo.com/movies/?id=fridaythe13th09.htm.
214. JAWORZYN, *op. cit.*, p. 255.
215. *Ibid*, p. 256.
216. http://www.bbc.com/portuguese/noticias/2012/12/121226_filmes_3d_futuro_fn.shtml.

traduziu-se em números: cerca de US$ 2,8 bilhões em bilheteria,[217] a maior da história.[218] Os estúdios de cinema começaram a investir pesado no 3D, mas em pouco tempo o mercado saturou. *O Massacre* 2013 saiu justamente num momento onde a moda 3D era criticada pelo mau uso da tecnologia.[219]

Apesar dos elogios de Hooper & Cia, *O Massacre 3D* tem três problemas básicos. Número um: ele é autorreferencial demais. Dois: roteiro nada original. Três: a sua apelação *démodé*.

Quanto ao primeiro: *O Massacre 3D* é tão, *tão* autorreferencial que começa com cenas do original. E não para aí. Pessoas penduradas num gancho? Sim. Gente serrada na mesa? Claro. Casa com cara de abandonada? Também. A velha porta de aço de matadouro? Com certeza! A preocupação em render homenagens ao original é tanta que Luessenhop parece que esqueceu de fazer o próprio filme.

E quando tenta, Luessenhop erra no tom. Apesar dos seus seis roteiristas, o enredo é digno de um *monster movie* lado Z. Depois duma retrospectiva das façanhas de Leatherface, os moradores revoltados de Newt chegam na casa dos Sawyers armados até os den-

---
217. http://www.boxofficemojo.com/movies/?id=avatar.htm.
218. http://www.boxofficemojo.com/alltime/world.
219. http://www.bbc.com/portuguese/noticias/2012/12/121226_filmes_3d_futuro_fn.shtml.

tes. Fuzilam a família inteira, sem piedade, e tocam fogo na casa. Com as devidas diferenças essa é uma cena padrão do terror no estilo Hollywood. É a parte do filme onde os aldeões revoltados tocam fogo no castelo do monstro. Anos depois Heather Mills (Alexandra Daddario), a protagonista, recebe de herança a casa de uma avó a quem nunca conheceu. Quando chega lá recebe as chaves do advogado da avó. No meio do molho tem uma chave... Estranha. Quase medieval. E adivinhem o que ela abre? Uma porta no porão... E de trás da porta – logo quem – o "monstro do castelo", Leatherface. Depois que Leatherface volta para o mundo – os bons cidadões de Newt não sabiam que ele tinha sobrevivido ao massacre – ele aparece, justamente, no Dias das Bruxas. *Halloween*?

A dupla "sexo e violência" marca forte a sua presença em 3D. Contrariando a regra de ouro de Hitchcock do "menos é mais", *Massacre* 2013 é o mais violento da franquia. Corpos serrados ao meio, dedos amputados, tudo em glorioso 3D. O problema é que a nossa imaginação é sempre pior do que qualquer filme, pois só a gente sabe o que mais nos assusta. É por isso que, sim, o "terror de sensações" funciona, mas só até certo ponto. Quanto ao sexo, os *closes* na bunda de Nikki (Tania Raymonde) e no busto saltitante de Heather Mills (Alexandra Daddario) são no melhor estilo *exploitation*.

Conclusão: *O Massacre 3D* é um filme perdido no espaço e tempo, um *slasher* genérico teleportado direto da década de 1980. E com ele vieram todos os aqueles problemas dos filmes dessa época: roteiro *no sense*, personagens caricatos, diálogos rasos, produtores tarados, cinematografia amadora, etc.

E assim encerra – por enquanto – a saga de Leatherface.

Capítulo 3
Halloween

Halloween

31 de outubro de 1978

Aos 8 anos de idade, John Howard Carpenter ganha de presente do pai uma câmera de vídeo.[220] Desde então, não parou mais de filmar seus épicos amadores, inspirados em *Godzilla*, *Battle in Outer Space* e *House of the Haunted Hill*.[221] Quando saiu da pequena Bowling Green rumo a USC,[222] Carpenter já tinha debaixo do braço anos de experiência em filmes caseiros.[223]

Depois de formado, passeou brevemente pela ficção científica (*Dark Star*, 1974), pelo gênero policial (*Assault on Precinct 13*, 1976). Escreveu também o roteiro de *Os olhos de Laura Mars* (1978), seu primeiro

---

220. BOULENGER, 2003, p. 64.
221. *Ibid*, p. 14.
222. University of Southern California. Carpenter estudou cinema lá, formando-se em 1972 (BOULENGER, 2003, p. 27-28).
223. *Ibid*, p. 27.

trabalho para um grande estúdio, a Columbia Pictures.[224]

Inicialmente com um título infeliz "The Babysitter murders", seu próximo projeto era baseado em uma ideia que o produtor Irwin Yablans teve sobre um psicopata à caça de babás. A grande virada foi quando Yablans sugeriu que a história se passasse durante o Halloween.[225] "Era uma ideia genial. Não conseguia acreditar que ninguém nunca tivesse feito um filme chamado *Halloween*", disse Carpenter.[226] O roteiro foi escrito em oito dias por ele e a produtora Debra Hill.

Halloween também marca a estreia da atriz Jamie Lee Curtis, no papel de "Laurie Strode". Jamie curiosamente é filha de Janet Leigh, que fez o papel de "Marion Krane" em *Psicose*.[227] Isso não é coincidência, já que *Halloween* é sabidamente inspirado nesse filme.[228]

O filme foi produzido com 300 mil dólares e rendeu 55 milhões de dólares ao redor do mundo.[229] *Halloween* era considerado o filme independente mais

---
224. *Ibid*, p. 81.
225. Trecho extraído da seção de extras do DVD brasileiro de *Halloween – A Noite do Terror* (1978).
226. BOULENGER, *op. cit.*, p. 97.
227. *Ibid*, p. 101.
228. HALL, 2004, p. 70.
229. *Ibid*, p. 28-29.

bem-sucedido de todos os tempos, até o lançamento de *A bruxa de Blair* (1999).[230]

O sucesso de *Halloween* foi uma faca de dois gumes. Ele trouxe projeção internacional a Jamie Lee Curtis, que mal tinha feito o seu primeiro filme, e deu um *boom* na carreira do diretor. *Halloween* permitiu a Carpenter filmar alguns pequenos clássicos: *A bruma assassina* (1980), *Fuga de Nova York* (1981), *O enigma do outro mundo* (1982) e *Starman – o homem das estrelas* (1984). Um efeito colateral desse sucesso foi inspirar milhões de subcópias, levando a fórmula de *Hallowen* à exaustão.[231] Entre as mais conhecidas encontram-se *A morte convida para dançar* (1980), *Noite infernal* (1981) e, claro, *Sexta-feira 13*.[232]

A série teria também inspirado a morte de um casal idoso, Francis e Aileen Harmitz.[233] Os advogados do assassino, Richard Boyer, acusaram *Halloween II* de ser o verdadeiro culpado pela morte dos Harmitz (!).[234] A defesa alegou que Boyer, um *junkie* inveterado, estava tendo *flashbacks* com cenas do filme enquanto pedia dinheiro aos Harmitz, o que explicaria por que ele esfaqueou o casal até a morte.[235] Nem o júri nem o juiz foram convencidos por essa alegação esdrúxula.

---
230. *Ibid*, p. 97.
231. *Ibid*, p. 109.
232. SKAL, 2002, p. 166.
233. *Ibid*, p. 168.
234. *Ibid*, p. 169.
235. *Ibid*.

O resultado? Boyer foi condenado à morte, mas até hoje conseguiu escapar do seu destino por meio de inúmeras apelações.[236]

Samhain

O *Halloween*, antes de ser reinventado como um feriado cristão,[237] era o dia celta dos mortos. Nesse dia, os druidas se reuniam e agradeciam ao deus Sol pela boa colheita e preparavam-se para o inverno.[238] Se as coisas não iam tão bem no verão, sacrificavam-se animais e humanos na fogueira.[239] Era o dia do maior feriado dos celtas bretões e irlandeses, quando comemoravam seu ano-novo. A festa era conhecida como *Samhain*. Acreditava-se, nessa data, que os espíritos vingativos voltavam para assombrar os vivos. Nem todo mundo vê com bons olhos o Halloween; alguns cristãos norte-americanos até hoje a consideram uma festa pagã.

A conexão do filme com o feriado é total. Além de nascer no Dia das Bruxas, Michael Myers "Samhain" escreve em sangue no quadro-negro da escola onde estudava. O final de *Halloween II* é simbólico: Myers tomba em chamas, eco de um típico sacrifício celta.[240]

---

236. *Ibid*, p. 170.
237. DOSSEY, 1992, p. 116.
238. *Ibid*, p. 115.
239. SKAL, *op. cit.*, p. 21.
240. *Ibid*, p. 167.

Quem é – ou o que é – Michael Myers?

Durante a série *Halloween*, Myers é chamado de várias coisas: maníaco, psicótico. Seu próprio médico, o Dr. Sam Loomis (Donald Pleasence),[241] refere-se à Myers não como uma pessoa, mas como uma coisa ("aquilo"). Afinal quem, ou *o que* é, Michael Myers?

A resposta? Nenhuma das alternativas acima. Myers é uma espécie de força arcaica, primordial. Isso é proposital; Carpenter, às vezes, bota nos créditos "The Shape" no lugar de "Michael Myers". Carpenter brincou que esse ar meio místico em torno de Myers dá a impressão de que ele é imortal,[242] o que o torna mais assustador ainda. É como se ele fosse o próprio Senhor da Escuridão, encarnado.

Essa força primordial e assassina que ressurge em alguns de nós homens e mulheres é conhecida tecnicamente como atavismo. O atavismo, inclusive, é cogitado por especialistas como uma das possíveis causas da psicopatia.[243]

De início, Sam Loomis mostra-se cético com os "poderes sobrenaturais" de Michael Myers. "Não existem bruxas e *goblins*... só o poder da mente in-

---
241. Segundo Boulenger (2003) esse nome é uma homenagem à *Psicose*. Sam Loomis é o nome do amante de Marion Crane (Janet Leigh), interpretado por John Gavin.
242. *Ibid*, p. 97.
243. SCHECHTER, 2013, p. 252.

consciente!".²⁴⁴ No andar da carruagem, ele vai ficando cada vez mais perplexo com a indestrutibilidade de Michael. "Eu atirei seis vezes!", grita desesperado ao xerife Brackett Charles Cyphers, no começo de *Halloween II*.²⁴⁵ Brackett não acredita. Depois de atirar nele mais de sete vezes, no Haddonfield Memorial, ele pergunta "Por que ele não morre?".²⁴⁶

Michael Myers assusta também por causa de sua loucura insondável. A inspiração de Myers talvez venha do contato pessoal de Carpenter com transtornos psiquiátricos. Um membro de sua família era esquizofrênico, o que fez o diretor questionar cedo sobre a natureza da realidade.²⁴⁷ Talvez esse ar impenetrável de Myers reflita a própria perplexidade de Carpenter diante do distúrbio mental de seu parente.

Essa confusão diante da loucura faz eco na atitude do ex-psiquiatra de Myers. Como vimos, Loomis refere-se a Myers como "aquilo". Quando o xerife Brackett pergunta por que o bom doutor anda tão assustado, ele responde:

---

244. Trecho de diálogo extraído do filme *Halloween II – O Pesadelo Continua* (1981).
245. *Ibid.*
246. *Ibid.*
247. BOULENGER, *op. cit.*, p. 136.

> Eu o conheci há 15 anos. Disseram-me que nada havia sobrado: nem razão, nem consciência, nem entendimento, nem o mais rudimentar sentido de vida ou morte, bem e mal, certo ou errado. Essa criança de 6 anos... Os olhos negros... Olhos do diabo. Passei oito anos tentando chegar a ele. E outros sete tentando mantê-lo trancado. Descobri que atrás daqueles olhos havia simplesmente o mal.[248]

'Por que eu?'

Entre o primeiro e o segundo *Halloween*, Michael Myers mata mais de dez pessoas atrás de Laurie, incluindo suas amigas e boa parte do Haddonfield Memorial. "Por que eu?", pergunta Laurie a Jimmy (Lance Guest), um dos enfermeiros de *Halloween II – O Pesadelo Continua*. Se limitarmos nossa análise a *Halloween – A Noite do Terror* (o original), nunca saberíamos o porquê.

Não que essas mortes "sem nexo" tornem o primeiro *Halloween* menos assustador. Ao contrário, as mortes mais assustadoras, diz Carpenter, são aquelas inesperadas, "sem sentido", por um assassino desco-

---
248. Trecho de diálogo extraído do filme *Halloween – A Noite do Terror* (1978).

nhecido.²⁴⁹ O enredo que "explica tudo" torna o filme mais lógico, mas em compensação a história fica cerebral demais e visceral de menos.²⁵⁰ Para seus filmes, Carpenter prefere confiar na sua intuição.²⁵¹ Hitchcock defendia-se de forma parecida. Dizia não se preocupar tanto com a plausibilidade de seus filmes,²⁵² mas, sim, com o impacto emocional deles.²⁵³

No entanto, as motivações secretas de Myers acabam aparecendo em *Halloween II*. A enfermeira Marion²⁵⁴ (Nancy Stephens) revela para o Dr. Loomis que Laurie Strode é, na verdade, Laurie Myers, irmã mais nova de Michael. Loomis então força o motorista, em ponto de bala, a retornar ao Hospital Haddonfield. Ele sabe agora o que motiva Myers: Michael teria matado Judith, sua irmã mais velha, por vingança de origem incestuosa – segundo o próprio Carpenter.²⁵⁵ O lógico seria Michael tentar matar sua segunda irmã. Como vimos nos delírios de Laurie no Hospital, ela relembra quando visitou o irmão que ainda não conhecia, quando pequena.

---

249. BOULENGER, *op. cit.*, p. 89.
250. *Ibid*, p. 40.
251. *Ibid*, p. 51.
252. TRUFFAUT, 2004, p. 153.
253. *Ibid*, p. 287.
254. Outra homenagem à *Psicose*: Marion é o nome da personagem de Janet Leigh, mãe de Jamie Lee Curtis.
255. BOULENGER, *op. cit.*, p. 99.

Entre presa e predador

Hitchcock, em entrevista à François Truffaut, disse que estava "dirigindo" o público em *Psicose*: "[...] eu os estava tocando, tal qual um órgão".[256] John Carpenter usou um recurso cinematográfico em *Halloween* que elevou essa manipulação da plateia a novas alturas. Era o *stalker POV*, ou *stalker point of view*. Esse recurso estava destinado a virar a técnica-padrão cinematográfica de todos os *slashers* inspirados em *Halloween*.

No *stalker POV*, a câmera está sempre atrás de obstáculos físicos; e ela é manipulada de uma forma que acaba simulando o ponto de vista de uma pessoa observando a outra, de longe, sem a observada ter consciência da observadora. Até os movimentos repentinos da câmera simulam os movimentos bruscos de um *voyeur*, escondendo-se com receio de ser visto. Esse ponto de vista da câmera gera grande ansiedade, porque sabemos que alguém está lá – mas não sabemos onde está, como é ou qual sua intenção. Essa técnica virou padrão da onda *slasher*. Inclusive a maior "cria" de *Halloween*, *Sexta-feira 13*, usou o *stalker POV* como o fio condutor de tensão de todo o filme.[257]

Uma característica psicológica interessante do *stalker POV* é o fato de ele despersonalizar o assas-

---
256. EBERT, 2004, p. 418.
257. BRACKE, 2005, p. 28.

sino.[258] Em *Halloween,* Michael Myers passa a maior parte do tempo fora das telas. Isso esconde suas expressões corporais, dificultando a "leitura" do personagem.[259]

Um ponto muito discutido entre críticos e fãs do gênero é até que ponto o *stalker POV* força o espectador a se identificar com o assassino. O escritor Sheldon Hall acha que, na verdade, não existe essa identificação. Primeiro porque o simples fato de igualar a visão da câmera com a visão do assassino não significa em uma identificação inevitável e imediata com as ações dele.[260] O verdadeiro efeito do *stalker POV* é aumentar nossa empatia pelos personagens.[261] O próprio Carpenter tomou uma precaução extra em relação a isso. Logo no começo de *Halloween*, temos uma cena "ilógica", em que o pequeno Michael fica parado, olhando para a faca na sua mão. Segundo o diretor, a ideia dessa cena era dizer para espectador: "Pronto, agora você pode parar de se identificar com esse personagem".[262]

---

258. DIKA, 1987, p. 88.
259. *Ibid.*
260. HALL, *op. cit.*, p. 70.
261. *Ibid*, p. 106.
262. BOULENGER, *op. cit.*, p. 104.

5/4

Além do *stalker POV*, o outro destaque de *Halloween* é sua trilha sonora. Composta em três dias com um orçamento reduzido,[263] a música do filme é o reflexo de Michael Myers – fria, impetuosa e implacável.[264] Seu tema central se tornou um clássico do cinema, tão memorável quanto os temas de *Tubarão* ou da franquia *Guerra nas Estrelas*.

O centro da trilha é o *leitmotiv* de Michael Myers, um exercício minimalista de piano e sintetizador em um estranho 5/4. A música erudita ou popular raramente sai do compasso 4/4, e isso é uma das razões do estranhamento que sentimos quando ouvimos o tema central de *Halloween*. Carpenter comenta que a inspiração desse tema veio de um exercício 5/4 em bongôs, ensinado por seu pai,[265] George, doutor em música.[266]

Os musicólogos Mera e Bernand apontaram que a trilha de *Halloween* é pontuada por "gritos" sintetizados. Inclusive, por causa de seu tom agudo, essas notas tocadas no sintetizador evocariam gritos femininos.[267]

---

263. *Ibid*, p. 106.
264. BURNAND; MERA, 2004, p. 60.
265. BOULENGER, *op. cit.*, 106.
266. BORST, 2004, p. 169.
267. BURNAND; MERA, *op. cit.*, p. 58.

Carpenter chamara esses "gritinhos" de 'cattle-prod' – sons específicos para assustar a audiência.²⁶⁸

Além de Laurie e Michael, a música é o outro grande "personagem" do filme.²⁶⁹ Carpenter conta que uma vez mostrou o filme, sem trilha e efeitos sonoros, para executivos da 20th Century Fox. Assustou ninguém. Seis meses depois, ele fez a mesma coisa, agora com a trilha. Todos amaram o filme.²⁷⁰

Um recado para o *Me Generation*

Nascida do inconformismo social e da rebelião estudantil, a contracultura foi assimilada pela cultura oficial.²⁷¹ A institucionalização da contracultura enterrou suas preocupações sociais, sobrando apenas sua fachada – o famoso "sexo, drogas e rock' n'roll".²⁷² Isso era especialmente triste para uma geração que viu sua utopia virar pó. John Lennon, então um recém ex--Beatle, deu voz a um novo pessimismo que aflorou na década de 1970:

---

268. Trecho extraído dos extras do DVD de *Halloween – A Noite do Terror* (1978).
269. BOULENGER, *op. cit.*, p. 106.
270. Trecho extraído dos extras do DVD de *Halloween – A Noite do Terror* (1978).
271. MUGGIATI, 1983, p. 69.
272. FRIEDLANDER, 2004, p. 330.

> No fundo as coisas não mudaram. Apenas vestimos roupas mais vistosas e coloridas e tem muita gente de cabelo comprido por aí. Fizemos o que nos mandaram fazer. Os mesmos pulhas controlam as coisas, as mesmas pessoas mandam em tudo.[273]

Nem os americanos mais conservadores escaparam das politicagens convolutas da nova década. Eles tiveram sua fé no futuro da nação abalada com o escândalo Watergate, que acabou no *impeachment* do presidente Richard Nixon.[274] Os conservadores levaram outro baque um ano depois, quando a Guerra do Vietnã estava oficialmente perdida.[275] No fim das contas, todo mundo saiu perdendo...

Levando tudo isso em conta, o jornalista Tom Wolfe declarou os anos 1970 a "Década do Eu".[276] O individualismo despolitizado era o credo da nova geração.[277]

Nesse contexto, a explosão do *disco music* foi a consequência lógica – e também a expressão máxima – da "Década do Eu". Nascida nós guetos homossexuais nova-iorquinos,[278] o *disco* tomou conta dos Estados Uni-

---
273. MUGGIATI, *op. cit.*, p. 70.
274. FRIEDLANDER, *op. cit.*, p. 239.
275. *Ibid.*
276. MUGGIATI, *op. cit.*, p. 108.
277. *Ibid.*
278. COLLIN, 1998, p. 12.

dos com o lançamento de *Embalos de sábado à noite* "1978", filme que fez de John Travolta uma estrela.[279] Paralelo a *Embalos* já estava acontecendo nos Estados Unidos uma nova valorização da produção artística e da sexualidade gay.[280] Juntando seus vários "ismos" – exibicionismo, bissexualismo, escapismo, hedonismo – a *disco music* transformou uma Nova York pré-AIDS na nova Sodoma e Gomorra. De lá a moda se espalhou para o restante do mundo.

Chame de entropia, superexposição ou "a ira de Deus", mas o *disco* e sua estética exuberante (e fútil) terminou passando tão rápido quanto começou. Seus excessos, ignorados por quem foi na onda, destruíram-na completamente.

Paralelo a *disco music*, uma nova febre havia tomado conta dos Estados Unidos naquela época: a cocaína. Ela vinha sendo considerada desde o início dos anos 1970 como o "champanhe das drogas" pelos grandes meios de comunicação americanos.[281] A combinação de sexo, poder e exclusividade, tornaram irresistíveis os apelos da cocaína para os ricos e poderosos da América. Das colinas de Beverly Hills até o "templo do disco", o nova-iorquino Studio 54, todos estavam na carreira do pó. Em 1977 a coca estava em todo e qualquer lugar, graças aos esforços da dupla George

---
279. *Ibid.*
280. BISKIND, 2002, p. 163.
281. STREATFEILD, 2001, p. 210.

Jung[282] e Carlos Leder, os homens que introduziram o cartel de Medellín nos EUA.

Foi nesse clima que *Halloween – A Noite do Terror* (1978) estreou – e tomou as bilheterias americanas de assalto. De um jeito certamente estranho, pode-se dizer que *Halloween* traz uma mensagem certa escrita em linhas tortas. Um crítico observou que o filme é basicamente uma fábula moral, um alerta para os jovens se darem conta do mal à sua volta.[283]

Essa observação se encaixa como uma luva na própria "filosofia de vida" de John Carpenter: "Estamos cercados de caos e mentiras; tudo está contra você".[284] Não é à toa que seus críticos norte-americanos o consideram um cineasta "cínico e paranoico".[285]

Duelo de titãs

Victor Miller[286] declarou que uma das coisas que aprendeu assistindo *Halloween* foi a fórmula "se você fizer amor, você está morto!"[287] Apesar de Carpenter negar por anos ter usado esse clichê, *Halloween* entrou

---

282. Sua vida foi tema do filme *Profissão de Risco* (2001), estrelando Johnny Depp e Penélope Cruz.
283. DIKHA, *op. cit.*, p. 99.
284. BOULENGER, *op. cit.*, p. 33.
285. *Ibid*, p. 44.
286. Roteirista do *Sexta-feira 13* original.
287. Trecho extraído dos extras do DVD de *Sexta-feira 13* (1980).

para a história por usar a fórmula "garotas-adolescentes-que-morrem-por-serem-sexualmente-ativas".[288]

Acreditando que isso seja verdade – e adotando uma perspectiva psicanalista –, podemos dizer que no centro de *Halloween* está o choque entre as duas pulsões básicas do ser humano:[289] o da vida (*Eros*), que representa a sexualidade e é "o conservador de todas as coisas"[290] e o da morte, *Tanatos*.[291] Sob ponto de vista, fica fácil saber quem representa o quê no filme. Se Laurie e suas amigas são vida, Michael Myers é a morte encarnada.

O interessante de *Halloween*, no entanto, é que o filme não é bem uma história do bem contra o mal. O próprio Carpenter admite que as vítimas de Myers não são as mais simpáticas do mundo.[292] Não é à toa que a única que se salva do grupo é Laurie, uma menina séria, estudiosa e de saias bem longas. Além de ser a "boazinha" do grupo, Laurie também é a menos sexualizada das meninas. Juntando esses dados, poderíamos dizer que *Halloween* é uma espécie de "vingança dos *nerds*",[293] em que as "vadias" morrem e as "bem-comportadas" sobrevivem.

---

288. BOULENGER, *op. cit.*, p. 99.
289. FREUD, 1996, vol. 17, p. 63.
290. *Ibid.*
291. LAPLANCHE, 1998, p. 501.
292. BOULENGER, 2003, *op. cit.*, p. 99.
293. *Ibid*, p. 179.

O pesadelo continua

Lançado três anos depois do original, *Halloween II* foi um sucesso razoável, apesar de Carpenter sair insatisfeito com o resultado final.[294] Já *Halloween III* (1982) foi um desastre. Para começar, a história era totalmente desligada com dos dois primeiros filmes; ela tinha androides, fábricas de brinquedos e o rapto de uma pedra de Stonehenge (!) para um gigantesco sacrifício ritual-televisivo (!!). Apesar do fracasso de público e crítica, Carpenter gostou do filme.[295] "A história de *Halloween* não tinha mais pra onde ir", diz ele.[296] "Em *Halloween III*, eu tentei expandir o conceito, contando diferentes histórias a cada filme, todas girando em torno do *Halloween*".[297] Justificativas à parte o retorno financeiro do filme foi tão ruim que a Universal Pictures não só desistiu de produzir outros *Halloween*[298] como tomou a série das mãos de Carpenter.[299]

Lançado no décimo aniversário da série, *Halloween – O Retorno de Michael Myers* (1988) foi vendido como um "retorno triunfal" da série.[300] Michael Myers escapa do asilo de novo, e um Dr. Loomis debilitado volta a persegui-lo. A protagonista do filme, dessa vez, é

---

294. *Ibid*, p. 109.
295. *Ibid*, p. 22.
296. *Ibid*.
297. *Ibid*, p. 109.
298. SKAL, 2002, p. 172.
299. BOULENGER, *op. cit.*, 109.
300. SKAL, *op. cit.*

Jamie, a filha órfã de Laurie. (Foi por razões práticas que Laurie "morreu" em *Halloween 4*. No mesmo ano que *O retorno de Michael Myers* foi lançado, Jamie Lee Curtis participou de *Um peixe chamado wanda*, que quase lhe rendeu um *Oscar*).

No encalço do sucesso moderado de *Halloween 4* vieram *Halloween 5: the Revenge of Michael Myers* (1989) e *Halloween: the Curse of Michael Myers* (1995). Este último já sinalizava que a série tinha atingido o fundo do poço[301] – de novo.

O próximo da série foi lançado comemorando o 20º aniversário da série. *Halloween – H20* marca o retorno de Jamie Lee Curtis. Descobrimos nesse filme que o acidente de Laurie tinha sido forjado, e ela agora vive como Teri Tate, diretora de uma escola privada californiana e uma alcoólatra não assumida.[302] Fazendo o papel do segundo filho, John, está Josh Hartnett, na sua estreia no cinema. O filme também inclui o *rapper* LL Cool J, no papel do vigia Ronnie e Michelle Williams ("Molly"), mais conhecida pelo seu papel de "Jen" em *Dawson's Creek*. Dirigindo o filme está Steve Miner, diretor de *Sexta--feira 13,* partes 2 e 3.

---

301. *Ibid*, p. 174.
302. SKAL *op. cit*. p. 180

Halloween teve mais uma continuação com *Halloween: Ressurrection* 2002, ainda inédito no Brasil. A trama do filme é inspirada nos *reality shows* à la *Big Brother*: seis jovens decidem passar a noite na antiga casa "mal-assombrada" dos Myers. Adivinhe quem aparece lá para dar-lhes as boas-vindas?

Zombie Myers

Se *remakes* estavam na ordem do dia na chegada do novo milênio, era uma questão de tempo para refilmarem *Halloween*. O *remake* ficou a cargo Robert Cummings, vulgo Rob Zombie. O *rock star* nasceu talhado para *Halloween*: no seu caldeirão tóxico de cultura pop cabe tudo. O rock 'n' roll tétrico Kiss e de Alice Cooper.[303] Filmes de zumbi de George Romero e Mario Bava.[304] Willy Wonka e a sua fantástica fábrica de chocolate.[305] *Soft-porn* alemão.[306] A estética *camp* de Roger Corman e Russ Meyer.[307]

Filho da pequena Haverhill, Massachussetts, Rob se mudou para Nova Iorque na adolescência. Lá frequenta o lendário CBGB's, QG da cena punk da cidade, e se matricula na Parsons School of Design. Eventualmente se cansa dos dois e junta música e *design* num pacote

---

303. *Ibid*, p. 51.
304. *Ibid*, p. 49.
305. *Ibid*, p. 51.
306. *Ibid*, p. 49.
307. *Ibid*, p. 51.

só: o White Zombie.³⁰⁸ O sucesso veio quando a MTV abraçou a banda.³⁰⁹ O terceiro álbum, *La Sexorcisto: Devil Music Volume I*, teve duas milhões de cópias vendidas os EUA,³¹⁰ e a música "Thunder Kiss '65" quase ganha um Grammy.³¹¹ O disco seguinte, *Astro Creep: 2000*, foi tão bem-sucedido quanto.³¹² Um ano depois de *Astro-Creep* o White Zombie infelizmente anunciava o seu fim prematuro.³¹³ Isso não para Rob Zombie. O seu disco solo, *Hellbilly Deluxe* (1999), vendeu 3 milhões cópias, o recorde de vendas de sua carreira.³¹⁴

O próximo passo de Mr. Zombie foi investir numa velha paixão: filmes de terror. Rob sempre codirigiu os clipes do White Zombie, apesar nunca ter recebido crédito.³¹⁵ Com o fim da banda foi convidado a dirigir *O Corvo 3*. Dois anos depois o filme ainda não tinha saído do papel. A frustração com esse processo levou Rob a investir com toda força em *Hellbilly Deluxe*.³¹⁶ A próxima oportunidade veio com o *The Thrilling Chilling World of Rob Zombie*, atração do parque temático da Universal do Dia das Bruxas em 1999. Ao ver outra

---

308. *Ibid*, p. 52.
309. CHRISTIE, 2005, p. 55.
310. https://www.riaa.com/gold-platinum/?tab_active=default-award&se=rob+zombie#-search_section.
311. http://articles.baltimoresun.com/1994-01-07/features/1994007161_1_billy-joel-sting-river-of-dreams.
312. https://www.riaa.com/gold-platinum/?tab_active=default-award&se=rob+zombie#-search_section.
313. CHIRAZI, 1996, p. 17.
314. https://www.riaa.com/gold-platinum/?tab_active=default-award&se=rob+zombie#-search_section.
315. WEIDENBAUM, 1995, p. 59.
316. DALY, 1999, p. 52.

porta se abrir, Rob apresenta *A Casa dos 1000 Corpos* ao estúdio. A Universal rejeitou o filme. Depois veio a MGM e, por fim, a Lion's Gate.[317] A estreia veio em 2003,[318] e teve uma continuação: *Rejeitados pelo Diabo* (2005).[319]

Na mesma trilha que o original, *Halloween – O Início* (2007) começa com a infância de Michael. Mas aí terminam as semelhanças. O novo Myers, antes de tudo, é um *personagem*, e não aquele vácuo existencial que assombrou os 8 filmes da franquia. Rob Zombie inspirou o seu Michael Myers em *Frankenstein* (1931) de James Whale. Nele o "monstro era aterrorizante, mas tinha um tipo de alma [...], não importa a dimensão dos problemas mentais dele", disse.[320] Rob Zombie também pesquisou a infância de *serial killers* para dar um toque de veracidade à história Myers. É por isso as cenas de mau-trato a animais no começo do filme.[321]

Outra fonte foi como o Dr. Samuel Loomis original descreve o quadro do seu ex-paciente.[322] O novo Dr. Loomis – interpretado por Malcolm McDowell[323] – faz uma descrição dramática de Michael Myers no lançamento do livro *The Devil's Eyes*:

---

317. CHAINSAW, 2003, p. 18.
318. http://www.boxofficemojo.com/movies/?id=houseof1000corpses.htm.
319. http://www.boxofficemojo.com/movies/?id=devilsrejects.htm.
320. http://www.iconsoffright.com/IV_Zombie3.htm.
321. https://www.femail.com.au/rob-zombie-halloween-interview.htm.
322. http://cinema.com/articles/5192/halloween-rob-zombie-interview.phtml.
323. Conhecido pelo papel de Alex DeLarge em *Laranja Mecânica* (1971) de Stanley Kubrick.

> Estes olhos enganarão você. Eles destruirão você. Eles tirarão de você a sua inocência, seu orgulho e, por fim, sua alma. Estes olhos não veem o que você ou eu vemos. Por trás destes olhos, encontramos apenas escuridão. A ausência de luz. Estes são os olhos de um psicopata. Michael foi criado por um alinhamento perfeito de fatores internos e externos que deram violentamente errado. Uma perfeita tempestade, digamos. Deste modo criando um psicopata que desconhece os limites e não tem limites.[324]

Halloween (2007) foi um sucesso de bilheteria: arrecadou US$ 80 milhões e pouco.[325] Logo antes do filme sair Rob Zombie deu uma entrevista onde jurou de pé junto que *Halloween* não ia ter continuação.[326] Mudou de ideia quando percebeu que agora estava livre levar *Halloween* para a direção que quisesse.[327]

Halloween II (2009) ou *H2* acompanha a vida dos personagens um ano depois daquele trágico Dias das Bruxas. Michael (Tyler Mane), dado por morto, escapa da ambulância. Por onde anda? Como é que o xerife Brackett (Brad Dourif) conseguiu superar a matança em

---

324. Diálogo extraído do filme *Halloween – O Início* (2007).
325. http://www.boxofficemojo.com/movies/?id=halloween07.htm.
326. https://www.femail.com.au/rob-zombie-halloween-interview.htm.
327. http://www.iconsoffright.com/IV_Zombie3.htm.

Haddonfield? E a sua filha Annie, que quase morre nas mãos de Michael Myers? O que dizer do outrora simpático Dr. Loomis, agora cego pela fama e dinheiro? E, o mais importante: como é que aquela noite traumática afetou Laurie Strode (Scout Taylor-Compton)? Será que ela tem as tendências psicóticas do irmão?

Se o *Halloween* de Rob Zombie teve fãs, John Carpenter não foi um deles. Para ele os novos *Halloween* "explicaram" Michael Myers demais. "Ele era pra ser uma força da natureza. Ele era pra ser quase sobrenatural", disse. O "Zombie Myers", na opinião dele, ficou muito "normal".[328]

Uma notícia boa é a de que Carpenter vai coproduzir o próximo *Halloween*. A parceria vai ser com a Blumhouse Productions. É a responsável por uma nova geração de franquias de terror, *Sobrenatural* e *12 Horas para Sobreviver*. O pai de Michael Myers promete que o nº11 vai ser "o mais assustador de todos".[329] Paguemos pra ver...

---

328. http://www.indiewire.com/2016/09/john-carpenter-trashes-rob-zombie-halloween-remake-1201730436.
329. http://www.indiewire.com/2016/05/halloween-john-carpenter-to-produce-11th-film-the-scariest-of-them-all-288917.

Capítulo 4
Sexta-feira 13

Sexta-feira 13

Uma Longa Noite em Camp Blood

Quando fez *Sexta-feira 13*, o diretor Sean Cunningham já tinha um certo *know-how* no gênero. Já no início de sua carreira, produziu a estreia de Wes Craven[330] como diretor de cinema, *Aniversário Macabro* (1972). Apesar do sucesso desse filme, Cunningham ralou por anos até conseguir um novo sucesso de bilheteria. Entre suas tentativas frustradas incluía uma adaptação de Joãozinho & Maria (!),[331] nunca filmada. Foi depois da chegada de *Halloween* (1978) que o diretor teve a inspiração para o seu novo projeto – um *slasher* baseado na data mais azarenta da história.

---

330. Futuro criador das séries *A Hora do Pesadelo* e *Pânico*.
331. BRACKE, 2005, p. 28.

Steve Miner lembra como *Sexta-feira 13* foi inspirado por *Halloween* – tanto pelo seu sucesso como filme independente quanto pelo seu uso extensivo de *stalker POV*.[332] Outra fonte de inspiração foi *A Psicanálise dos Contos de Fadas*, de Bruno Bettelheim. Cunningham conta que esse livro lhe deu a noção de que os contos de fadas vestem e dão nome a medos que as crianças ainda não conseguem articular. Tendo em mente que alguns filmes de terror tem essa função para o seu público adolescente,[333] Cunningham foi fazer, nas suas próprias palavras, "o filme mais assustador de todos os tempos".

Com o título provisório de "Long night at camp blood", a pré-produção do filme começa em agosto de 1979.[334] Depois de sete semanas de isolamento, enfrentando chuvas torrenciais, acomodações rústicas e um frio quase invernal, a produção encerra em dezembro.[335] A data de lançamento escolhida é 9 de maio de 1980, bem antes das férias, a concorrida arena dos *blockbusters* de verão.[336]

O sucesso de *Sexta-feira 13* foi imediato. Superou rivais mais conceituados como *O Iluminado*, de Stanley Kubrick, e *Vestida para Matar,* de Brian De Palma. *Sexta-feira 13* fechou o ano como o segundo filme mais

---
332. *Ibid.*
333. DIKA, 1987, p. 87.
334. BRACKE, *op. cit.*, p. 19.
335. *Ibid*, p. 23.
336. *Ibid*, p. 43.

bem-sucedido de 1980, só atrás de *O Império Contra-Ataca*. No fim das contas, a criatura de Cunningham faturou 40 milhões de dólares,[337] mais de 60 vezes o seu orçamento.[338]

Por que sexta-feira? E por que 13?

Um dos caminhos para apreciar o filme é entender por que esse dia mete medo em tanta gente. A resposta? Ninguém sabe, para falar a verdade. Sabe-se apenas que sempre tivemos medo do número 13.[339]

Tanto nas religiões atuais como nas antigas mitologias, a gente encontra algumas dicas. Na mitologia nórdica, por exemplo, são 12 os deuses de Asgard.[340] Loki, um gigante arteiro,[341] entra de penetra em uma reunião dos deuses e consegue fazer Hodur, o deus cego, matar Baldur, o Bom.[342] Outro exemplo é a Última Ceia. Na véspera de Cristo ser traído por Judas, são 13 pessoas sentadas à mesa – Jesus e Seus doze apóstolos.[343] Durante a "epidemia" demoníaca da Idade Média, circulavam histórias de assembleias de bruxas – ou *covens* – sempre com 13 mulheres.[344]

---

337. *Ibid.*
338. *Ibid*, p. 23.
339. DOSSEY, 1992, p. 72.
340. *Ibid*, p. 73.
341. BULFINCH, 2002, p. 380.
342. *Ibid*, p. 394.
343. *Ibid*, p. 72.
344. *Ibid*, p. 73.

Essa crença nos poderes mágicos do número 13 chegou praticamente inabalada até nós. Se alguém ainda duvida, basta verificar que a maioria dos arranha-céus americanos não têm o andar 13.[345] Além disso, quartos de nº 13 também estão misteriosamente ausentes dos hospitais e hotéis americanos.[346]

Quanto à sexta-feira, existe uma tradição antiga desaconselhando a sair de barco nesse dia; os marinheiros acreditam que isso dá azar. O ultra-romântico Lorde Byron (1788-1824) desafiou a tradição, partindo para a Grécia em uma sexta-feira. Morreu lá.[347]

Apesar dessa superstição toda, é interessante como o próprio filme a põe em dúvida em uma conversa entre o sargento Tierney (Ronn Carroll) e o dono do Camp Crystal Lake, Steve Christy (Peter Brouwer):

> Sargento Tierney: Nada mal para uma sexta--feira 13 de lua cheia. Tenho estatísticas. Há mais acidentes, estupros, assaltos, assassinatos, mais tudo na lua cheia. As pessoas se aborrecem, ficam malucas!

---

345. DOSSEY, *op. cit.*, p. 71.
346. *Ibid*.
347. *Ibid*, p. 70.

Steve Cristy: Que nada! Você faz ciência de uma coincidência[348]

Só uma mera coincidência? Não... E pro azar do próprio Christy...

Para muitos de nós, a *paraskevidekatriaphobia* – o medo irracional do dia sexta-feira 13[349] – é incurável. Miller, Cunningham e Steve Miner sabiam disso...

Sinistros proféticos

Sexta-feira 13 vale-se dos mesmos recursos de *O Massacre da Serra Elétrica* e *Halloween*. Os augúrios, durante todo o filme, são constantes, construindo um clima de tensão palpável.

O filme começa em 1958, um truque narrativo que Victor Miller chama de "mal anterior", copiado de *Halloween*. Depois do *flashback*, vemos Annie (Robbi Morgan), a futura cozinheira do acampamento, chegando a uma cidade vizinha ao acampamento. Ouvimos o radialista dizendo: "São 7h01 nesta sexta-feira, 13 de junho. Sou o Big Dave. É hora de deixar a preguiça de lado e sair da cama. É o dia do azar no lago Crystal".[350]

---

348. Trecho de diálogo extraído do filme *Sexta-feira 13* (1980).
349. DOSSEY, *op. cit.*, p. 68.
350. Trecho de diálogo extraído do filme *Sexta-feira 13* (1980).

Annie entra em uma lanchonete e pergunta: "Com licença. A que distância fica o Acampamento Lago Crystal?". Todos se calam e a encaram. Segue um silêncio *bem* desconfortável. Uma das clientes da lanchonete pergunta: "O Acampamento Sangrento? Vão reabrir aquele lugar?".[351]

Antes de Annie partir para o acampamento, Crazy Ralph (Walter Gorney) aparece de repente e diz: "Vai pro Acampamento Sangrento, não? Não vai voltar nunca mais. É um lugar amaldiçoado!". Crazy Ralph reaparece depois no próprio acampamento, assustando Alice. E repete a sua previsão assustadora: "Sou um mensageiro de Deus. Se ficarem aqui estarão condenados. Este lugar é amaldiçoado. Amaldiçoado! Tem uma maldição mortal".[352]

Durante o trajeto, o motorista Ernie (Rex Everhart) tenta dissuadi-la: "Peça demissão. Agora mesmo! O Acampamento Lago Crystal é azarado!".[353] Annie não lhe dá ouvidos. O caminhoneiro então revela a verdadeira história do Acampamento Lago Crystal.

O Christy lhe falou dos dois jovens assassinados em 1958? Do garoto que se afogou em 1957? Dos incêndios criminosos? Nunca

---
351. *Ibid.*
352. *Ibid.*
353. *Ibid.*

descobriram os responsáveis. Quando tentaram reabrir em 1962, a água não prestava. O Christy vai acabar como os pais dele, loucos e na miséria! [354]

Completando essa rodada de augúrios, temos o sonho de Marcie Jeannine Taylor, a "ficante" de Jack Kevin Bacon:

Sonhei umas cinco ou seis vezes que estou numa tempestade e está chovendo muito. Soa como pedregulhos atingindo o chão. Posso ouvir. Tento tapar os ouvidos com as mãos, mas não funciona. O som fica cada vez mais alto. E então começa a chover sangue. E o sangue forma pequenos riachos. E o som desaparece.[355]

Depois de contar esse sonho macabro ela dá uma risada "amarela", para aliviar o clima de tensão. Jack lança o velho "é só um sonho". Ela ri de novo, dessa vez mais aliviada. "Eu sei", diz. E emenda: "eu o chamo de 'sonho da chuva'".[356]

---

354. *Ibid.*
355. *Ibid.*
356. *Ibid.*

Se seguirmos ao pé da letra a fórmula de Freud – a de que os sonhos são "a realização de um desejo"[357] – podemos atropelar a função profética desse sonho, uma crença que vem desde a Antiguidade.[358] Não é coincidência ela contar esse sonho assim que cai uma tempestade no "Acampamento Sangrento". Marcie, assim Jack, está marcada para morrer. O sonho é um aviso.

Mas aí podemos insistir um pouco mais e perguntar: se esse sonho fosse a satisfação de um desejo, ele estaria satisfazendo o desejo de *quem*? Marcie? Dela nada podemos dizer.

Para resolver esse enigma, nada melhor que esse depoimento do "pai" de Marcie, Victor Miller:

> Me ensinaram que se você também transar antes do casamento, vai ser punido. Não sei se eu tinha consciência do tom moralista e vingativo do filme. Eu estava apenas recriando o que havia visto em outros filmes. Se você seguir seu coração lascivo, vai se dar mal. Eu fui criado dentro dessa ética puritana.[359]

---

357. FREUD, 1996, vol. 4, p. 169.
358. *Ibid*, p. 40.
359. Trecho extraído dos extras do DVD de *Sexta-feira 13* (1980).

E se esse sonho de Marcie for realmente a satisfação de um desejo – mas *de Miller*? Nesse filme, Marcie é a "piranha da vez", aquela que obrigatoriamente tem que morrer em todo *slasher film*. Jack morre de tabela, por se esbaldar em pecado junto com Marcie. Essa morte dupla, vista desse ângulo, representa a vingança moralista de Miller em cima dos seus personagens.

Outra característica interessante dos sonhos de Marcie é a sua repetição. Para Freud, sonhos repetidos são o resultado de uma neurose traumática.[360] Ele percebeu esses sonhos repetidos em veteranos da Primeira Guerra Mundial ou pacientes traumatizados.[361] Esses sonhos repetidos mostravam sempre a cena do trauma sem simbolismos.[362]

Esse sonho de Marcie provavelmente não é a revivência de um trauma, até porque ele é fantasioso demais. Apesar disso, a repetição dele ainda é sugestiva. Segundo Freud, essa "compulsão à repetição" revela a presença de Tanatos, a pulsão de morte.

O sonho de Marcie faria mais sentido se fosse visto como era na Antiguidade clássica – uma previsão do

---
360. FREUD, 1996, vol. 17, p. 24.
361. *Ibid*, p. 23.
362. *Ibid*, p. 24.

futuro³⁶³ – ou ainda como são vistos até hoje por muita gente: um fenômeno oculto.³⁶⁴

Complexos infantis

O trauma da perda de Jason, sofrido pela senhora Voorhees, é o fio condutor de toda a trama do primeiro *Sexta-feira 13*; mas não é o único. Aqui, veremos novamente como a biografia dos criadores se entrelaçam com o roteiro. Como diria Fritz Perls, "quando você escreve, sempre escreve sobre si mesmo".³⁶⁵

Ao dar vida ao roteiro, Victor Miller acabou usando de inspiração seus próprios complexos e pavores infantis. O sobrenome "Voorhees", por exemplo, era de uma colega de escola, nome o qual sempre tinha achado assustador.³⁶⁶ Um outro medo de sua infância, o de acampamentos de verão, também entrou do *script*.³⁶⁷

De todas as coisas assustadoras de *Sexta-feira 13* a pior delas, sem dúvida, é a Pamela Voorhees, mãe de Jason. Anos depois do primeiro filme um psiquiatra explicou para Miller que ele criara uma "mãe perfeita", parecida com sua própria mãe em muitos aspectos,

---

363. FREUD, 1996, vol. 4, p. 40.
364. FREUD, 1996, vol. 22, p. 39.
365. PERLS, 1979, p. 11.
366. BRACKE, 2005, *op. cit.*, p. 37.
367. *Ibid*, p. 18.

mas que iria a extremos inimagináveis para defender seu filho.[368] Betsy Palmer, responsável pela senhora Voorhees, sempre ficava pasma com a adoração dos fãs pelo seu personagem. Intrigada, um dia perguntou: "por que vocês gostam tanto dessa mulher?" A resposta foi: "Sabemos por que ela fez aquilo".[369]

Isolamento geográfico

Esse cenário que Miller escolheu – um acampamento rodeado por uma floresta – não deixa de ser interessante. Florestas são sempre o cenário dos mitos, fábulas e contos de fadas. O início de uma floresta, diz Manfred Lurker,[370] é a fronteira entre o conhecido e o desconhecido. No caso específico de *Sexta-feira 13*, é o limite entre o acampamento iluminado, confortável e "seguro" e a floresta, um lugar escuro, perigoso, cheio de animais selvagens.

Partindo de uma perspectiva mais "psicológica", podemos fazer uma outra analogia: o início da floresta é a passagem do consciente para o inconsciente.[371] Essa perspectiva faz sentido se lembrarmos onde estão, geograficamente, os "mocinhos" da série. Já a floresta é a morada de Jason – um psicopata deformado, obcecado em vingar a mãe.

---
368. *Ibid*, p. 32.
369. *Ibid*, p. 33.
370. LURKER, 1997, p. 273.
371. *Ibid*.

Castração e desmembramento

O clímax do primeiro *Sexta-feira 13* é a decapitação da Senhora Voorhees. Seu fim é ao mesmo tempo um alívio e um choque, por sua morte tão brutal. Por que é que uma decapitação nos incomoda tanto?

Em seu microartigo *A Cabeça de Medusa* (1922), Sigmund Freud apresenta a fórmula "decapitar = castrar".[372] Esse postulado faz sentido se entendermos o que esse mesmo Freud chamava de *complexo de castração*. Segundo ele, essa "ansiedade de castração" se dá quando o menino descobre que a menina não tem um pênis e fica com medo de perder o seu.[373] Esse complexo infantil é tipicamente explorado na literatura de horror que envolve desmembramentos. Como exemplo, Freud cita *A História da Mão Decepada*, conto de Wilhelm Hauff (1802-1827).[374]

No entanto, o medo de "perder a cabeça" não tem necessariamente um fundamento psicossexual. De todos os membros que podem ser decepados – dedos, pés, mãos, braços e sim, o pênis –, é a cabeça a pior das perdas. Ela é o centro operacional de nosso corpo. É o único membro externo cuja perda significa morte imediata. Sabemos disso instintivamente, e os *slasher films* exploram esse medo. Não é à toa que, em muitas

---
372. FREUD, 1996, vol. 8, p. 289.
373. FREUD, 1996, vol. 5, p. 396.
374. FREUD, 1996, vol. 18, p. 261.

culturas primitivas, a cabeça é cultuada como símbolo da vida.[375]

"Ki... ki... ki... Ma... ma... ma..."

Um dos destaques do filme é a trilha de Harry Manfredi. Tal qual *Halloween*,[376] a música de *Sexta-feira 13* foi inspirada pela obra de Bernard Herrmann,[377] compositor da música de clássicos como *Cidadão Kane* (1941) e *Táxi driver* (1975). Seus trabalhos mais conhecidos foram suas colaborações com Hitchcock, incluindo *O Homem que Sabia Demais* (1956), *Um corpo que Cai* (1958) e *Psicose*.

A contribuição máxima de Manfredini para o legado de Jason é o tema do personagem principal: "Ki... ki... ki... Ma... ma... ma...". A ideia veio de uma das cenas do filme, um *close* na boca da senhora Voorhees repetindo obsessivamente: "Kill her mommy. Kill her". Manfredini teve a ideia de separar a primeira sílaba de "kill" e juntar com a primeira sílaba de "mommy" – ou melhor, sua abreviação tipicamente americana –, "Ma". Para o eco da voz usaram o *Echoplex,* um dos primeiros pedais de efeito produzidos para esse efeito.

---

375. LURKER, *op. cit.*, p. 106.
376. BORST, 2004, p. 176.
377. BRACKE, *op. cit.*, p. 70.

A trilha de *Sexta-feira 13* tem uma característica especial: ela só aparece na presença do *stalker*. Seu uso econômico, em partes estratégicas do filme, dá o toque final. Isso está em perfeita sintonia com a filosofia de John Carpenter a respeito de trilhas sonoras: "quanto menos, melhor!".[378]

Franchise

Dias depois do estrondoso sucesso de *Sexta-feira 13*, a Paramount lançou a ideia de uma continuação. Era financeiramente uma boa ideia, mas um problema básico tinha de ser resolvido antes: como fazer uma continuação se todos os personagens do filme estavam mortos? "Nunca pensamos que haveria uma continuação", confessa Sean Cunningham.[379]

Foi aí que os executivos da Paramount tiveram a ideia de "ressuscitar" Jason, gerando protestos por parte da equipe original de *Sexta-feira 13*. Além de lamentar o fato de Jason ter virado o novo vilão da série, sua ressurreição foi "uma das piores ideias que eu tinha ouvido na minha vida", disse Cunningham.[380] Prevaleceu o financeiro e, independentemente dos protestos de Miller, Cunningham e Tom Savini, a partir desse momento *Sexta-feira 13* viraria uma franquia. É

---

378. BORST, *op. cit.*, p. 176.
379. BRACKE, *op. cit.*, p. 50.
380. *Ibid*, p. 50.

nesse momento que começam as famosas discrepâncias da série.

A ideia de reviver Jason teve um efeito colateral: acabou atenuando o impacto no final do primeiro filme, que acabava com uma interrogação: Alice tinha ou não sido atacada por Jason? Essa fabricação fajuta deu lugar a outra, definitiva, e também problemática: na verdade, Jason não morreu afogado. Estaria na verdade morando nos arredores do Camp Crystal Lake. Aceitando essa reviravolta, o "falso-morto" Jason estaria com 33 anos quando atacou Alice. Isso foi uma ideia do roteirista Ron Kurz para Jason parecer mais ameaçador. O problema é que ele não parece ter 33 anos; parece ter 11.

Há outra saída para esse nó górdio. Ela implica em aceitar a ideia de Sean Cunningham de que Jason, no primeiro filme, era só uma alucinação. Alice, na verdade, imaginou ter sido atacada por alguém que corresponderia à imagem de Jason. Reparem bem nesse Jason: apesar de aterrador e recoberto de lama e sangue, ele não está putrefato. Nada fica 22 anos no fundo de um lago sem apodrecer. O Jason do fundo do lago, então, não pode ser real.

Seu duplo real, no entanto, estaria naquele mesmo momento morando perto dali. Vivinho da silva, ele estava esperando a oportunidade de vingar sua mãe – o que acontece no prólogo do segundo filme. Aliás, de acordo com a continuação, Jason chegou a ver com seus próprios olhos a decapitação da mãe. Sendo assim, o problema da discrepância de idades está resolvido.

Mas, como questiona Tom Savini, responsável pelos efeitos especiais do primeiro filme: "Jason não existe, OK? Jason morreu no primeiro filme. O que significa Jason estar andando por aí, vivo, hoje? É pedir demais para a plateia".[381] Não é possível que em 22 anos ninguém *nunca* tenha visto ele por aí. Outra: sua mãe apareceu pelo menos três vezes no Camp Crystal Lake depois de sua alegada morte. Por que ela e Jason nunca se encontraram?

O Édipo na família Voorhees

Apesar de vários problemas, os produtores da *Parte 2* tinham um ás na manga: o infame "complexo de Édipo" freudiano. Explicado em poucas palavras, esse complexo – o "complexo essencial", segundo Freud[382] – descreve a situação em que o menino se apaixona pela mãe e tem ódio pelo pai, já que ele disputa sua exclusividade com a mãe.[383] Há inúmeros casos na literatura criminalista nos quais um complexo de Édipo mal resolvido teve um efeito devastador na psique adulta. Ed Gein foi uma famosa prova disso.[384]

---

381. *Ibid*, p. 59.
382. KERR, 1997, p. 263.
383. FREUD, 1996, vol. 4, p. 289.
384. SCHECHTER, 2013, p. 376.

Em *Parte 2*, o novo dono do acampamento, Paul Holt (John Furey), conta a história de Jason ao redor da fogueira para os novos monitores:

Não gosto de assustar ninguém. Mas quero tudo esclarecido a respeito de Jason. O corpo dele nunca foi encontrado no lago onde se afogou. Os mais velhos da cidade vão dizer que ele ainda está lá; uma criatura louca, sobrevivendo no mato. Adulto já. Observando. Roubando o que precisa, vivendo de animais selvagens e plantas. Algumas pessoas dizem que o viram bem aqui nesta área.

A menina que sobreviveu aquela noite no acampamento, na sexta-feira 13, diz que o viu. Ela desapareceu dois meses depois. Sumiu. Havia sangue para todo o lado. Ninguém sabe o que houve com ela. A lenda diz que o Jason viu a mãe dele ser decapitada naquela noite... E resolveu se vingar, uma vingança que ele manterá, se alguém entrar na floresta novamente.

Vocês já devem saber que são os primeiros a voltar a este lugar. Cinco anos... Esteve hibernando por cinco longos anos. E ele está bem faminto. O Jason está por aí... Vigiando. Sempre procurando por intrusos. Esperando para matar. Esperando para devorar. Sedento de sangue jovem...[385]

Mais tarde, quando Paul, sua namorada Ginny (Amy Steel) e o monitor Ted (Stu Charno) estão na cidade, o assunto Jason volta à baila. Ginny, estudante de psicologia infantil, começa a especular quem seria Jason hoje, caso estivesse vivo:

E se houver um Jason? E se houver um "menino-fera" à solta pelo Acampamento Crystal Lake? Esqueça a lenda, e pense na realidade. Como ele seria hoje? Uma espécie de psicopata descontrolado? Uma criança presa em um corpo de adulto? Ele seria um adulto agora, não?

A única pessoa que o conheceu foi a sua mãe. Ele nunca foi à escola; então, nunca teve amigos. Ela era tudo para ele!

Duvido que o Jason soubesse o que significava a morte. Pelo menos até aquela noite horrível. Ele deve ter visto a coisa toda acontecer. Ele deve ter visto sua mãe ser assassinada, só porque o amava. Não era essa a razão de toda a sua vingança? A sensação de perda, a sua

---

385. Trecho de diálogo extraído do filme *Sexta-feira 13 – parte 2* (1981).

raiva pelo que havia acontecido, o seu amor por ele?[386]

Esse vínculo incestuoso que Jason mantinha com a mãe nunca é rompido, mesmo depois de ela morrer. Ginny descobre isso quando encontra o "santuário" de Jason: um altar com a cabeça putrefata de Pamela Voorhees, "decorada" com 13 velas, a faca que a decapitou e o moletom que estava usando na hora. Ao redor desse altar estavam os cadáveres que Jason "oferecia" à mãe morta.

Sexo... Morte!

François Truffaut uma vez disse para Hitchcock que os filmes do mestre inglês tinham três elementos básicos: "angústia, o sexo e a morte".[387] Apesar de Hitchcock ser prioritariamente um diretor de filmes de *suspense*, acredito que essas mesmas características não só valem como estão no coração dos *slasher films*.

Nos filmes da série *Sexta-feira 13,* sempre é travada uma batalha da vida contra a morte. Isso é óbvio. O que não parece tão óbvio são as verdadeiras razões de se travar, repetidamente, o mesmo combate, sempre no mesmo local.

---

386. *Ibid.*
387. TRUFFAUT, 2004, p. 316.

Para ajudar nossa investigação, vamos recorrer a uma leitura psicanalítica de novo.

Nesse caso, a vida é o Eros freudiano. A maioria dos seus representantes em *Sexta-feira 13* são os adolescentes dopados, loucos por sexo, sempre em maioria nos filmes da série. Eles sempre travam um combate injusto com outro personagem freudiano, o Tanatos, personificado por Jason.

Mas, no final, Eros – a vida – sempre vence, apesar de já bastante sublimada. Essa sublimação é representada sempre por uma figura feminina, uma jovem bonita e inteligente, com uma maturidade além de seus poucos anos. Esse tema é explorado de forma recorrente na série. No caso do primeiro filme, a heroína foi a boazinha Alice (Adrienne King); no segundo, é a forte e independente Ginny; no sétimo, é a paranormal Tina Shepard (Lar Park Lincoln).

Essas personagens sublimadas sexualmente são guiadas pelas mãos invisíveis da cultura e da civilização. Só elas podem enfrentar a bestialidade Jason. Seja pelo fato de serem as únicas inteligentes do filme, ou porque elas nunca se entregam – explicitamente – às orgias sexuais presentes na maioria dos filmes da série. Daí sua sublimação.

As heroínas têm outras vantagens sobre os demais personagens da trama. Eles têm seus interesses ditados pelo lugar-comum, pelo mundano. São boçais e antipáticos. Todo o seu diálogo é pautado por frases feitas e chavões, o que realça sua superficialidade. Até as cenas de sexo entre esses personagens é dada de forma forçada, estereotipada. Só para citar um exemplo, em pelos menos um filme da série o homem pergunta para a mulher, após o sexo, o chavão máximo: "Foi bom pra você?".

De certa forma – bem funesta –, Jason sempre carrega uma mensagem moralista: cuidado com os perigos do sexo irresponsável. O próprio afogamento de Jason foi culpa da impulsividade de Eros. A eterna repetição do ato sexual por uma nova geração de monitores no Crystal Lake é uma lembrança constante do por que de ele ter se afogado e perdido sua mãe, anos depois.

O ritual da máscara

Apesar do primeiro *Sexta-feira 13* ser até hoje o melhor da série, temos que agradecer a Steve Miner e à equipe de *Parte 3* por tornarem Jason um ícone. Foram eles que adicionaram as marcas registradas de Jason: a sua máscara de hóquei e seu indefectível facão.[388] Sean Cunningham e Victor Miller aprovaram

---

388. BRACKE, *op. cit.*, p. 86.

as mudanças de Steve Miner, dizendo que é sempre bom manter os vilões mascarados[389] para mantê-los fora do comum. Eles também elogiam Miner por mudar o foco da série, praticamente transformando Jason em um monstro mitológico.[390]

À primeira vista, essa ideia parece ter sido totalmente copiada de outro *slasher* arquetípico: Michael Myers. Mas não é.

O assassino da série *Halloween* usa uma máscara branca sem expressão discernível. Essa máscara faz de Myers um "assassino sem rosto", alguém que ao mesmo tempo não pode ser identificado e pode ser qualquer um. A máscara sem expressão de Myers é também um símbolo de sua essência vazia, inumana. Resumindo, Michael Myers é o nosso medo do desconhecido, do nada encarnado.

É a morte – viva

A máscara de Jason serve para outra coisa. Ela esconde sua "fraqueza":[391] o seu rosto deformado. Mas por que justamente uma máscara de hóquei? Essa escolha teria alguma coisa a ver com o fato do hóquei ser um esporte notoriamente violento? De qualquer forma,

---
389. *Ibid*, p. 33.
390. *Ibid*, p. 51.
391. LURKER, *op. cit.*, p. 424.

ninguém que fez parte da equipe de *Parte 3* assume o crédito pela máscara de Jason – nem o diretor do filme, Steve Miner, faz isso.[392]

Por fim, temos de lembrar o eterno clímax de todos os filmes da série *Sexta-feira 13*: a hora em que vemos o rosto de Jason. Esse ritual da máscara deturpa uma ideia universal: aquela de que a máscara e a pessoa por trás dela são bem diferentes. O ritual de Jason Vorhees amplifica o seu horror mitológico: detrás de uma máscara de violência se esconde um horror ainda mais profundo, ainda mais monstruoso. Por trás da máscara de Jason não há um *alter ego* redentor e, sim, só mais terror.

Jason Revive

Mais uma vez foi a Platinum Dunes assumiu o manto de fazer o *reboot* duma franquia famosa. E, com ele, o mesmo desafio de *Massacre*: fidelizar os velhos fãs e apresentar *Sexta-Feira 13* a uma nova geração.

Jason Voorhees versão 2009 segue a mesma linha do Leatherface da Platinum Dunes – uma figura trágica no lugar do mal absoluto. Derek Mears, o novo Jason, vê o seu personagem como "essencialmente uma vítima". Segundo ele todos já fomos vítimas de *bullying* e,

---

392. BRACKE, *op. cit.*, p. 86.

por isso, "podemos nos identificar com o que aconteceu com ele".[393] Aqui a Platinum Dunes usa o mesmo recurso de *O Massacre da Serra Elétrica – O Início* para justificar a vilania dos antagonistas: a sobrevivência a qualquer custo num ambiente totalmente hostil. Mears tem outro *insight* interessante a respeito disso:

> Penso que qualquer vilão em um filme nunca se vê como vilão. Todos dizem que Jason é louco, um cara mau, eu não... Na minha cabeça, não estou interpretando um personagem mau. Ele foi injustiçado. A sociedade o abandonou e constantemente foi injusta com ele toda a sua vida, e ele só quer deixado em paz, e está se vingando.[394]

A vontade de humanizar Jason corre lado a lado com a de fazer um filme mais verossímil. Em relação a isso é interessante que o *Batman Begins* (2003) de Christopher Nolan seja referência para o novo *Sexta-Feira 13*.[395] O diretor britânico começou uma onda de *reboots* de filmes de super-heróis mais realistas e psicologicamente complexos. Outras pesos-pesados do cinema prestaram atenção e aderiram à "nolanização"

---
393. Entrevista extraída dos Extras do Bluray de *Sexta-Feira 13* (2009).
394. *Ibid.*
395. *Ibid.*

(*nolanization*) como *James Bond*.[396] Os *reboots* da Platinum Dunes parecem inspirados por essa veia "realista". Os elementos sobrenaturais tem menos ênfase, os "mocinhos" são personagens de fato e as motivações dos vilões são mais plausíveis.

Essa vontade de criar um *Sexta-feira 13* menos mentiroso fez o novo Jason ágil e esperto... Além de correr muito! A equipe da Platinum Dunes, inclusive, bolou uma explicação pra uma lorota clássica da franquia. Como é que Jason, com o seu passo de Frankenstein, sempre conseguia pegar a vítima? Resposta são os 45m de túneis debaixo do Crystal Lake. Essa é a razão de Jason consegue aparecer tão rápido em qualquer canto do acampamento. [397]

O filme reconta a história de Jason resgatando elementos de vários títulos da franquia, principalmente da *Parte 2*. O filme começa com o *flashback* da morte de Pamela Voorhees (Nana Visitor), decapitada por uma monitora do Camp Crystal Lake. Jason assiste tudo e, sozinho no mundo, faz do acampamento abandonado o seu lar. Quando, anos depois, Mike (Nick Mennell) e Whitney Miller (Amanda Righetti) entram na casa de Jason, Mike descobre uma cabeça decomposta numa

---
396. https://moviescene.wordpress.com/2014/11/27/die-another-day-skyfall-and-the-nolanization-of-james-bond.
397. Entrevista extraída dos Extras do Bluray de *Sexta-Feira 13* (2009).

bancada. Essa cena lembra a do altar macabro da *Parte 2*, onde a cabeça da mãe de Jason é venerada à luz de velas. A "máscara de saco" de Jason também remonta ao segundo filme da franquia. Outra referência ao filme 2 é quando Jason pula atrás de Clay Miller (Jared Padalecki, da série *Sobrenatural*), fac-símile da cena de quando Paul (John Furey) é atacado por Jason. Talvez a única coisa que realmente lembre o primeiro filme é o seu final.

Da *Parte 3* vemos a descoberta de Jason de sua icônica máscara de hóquei. Na opinião dos produtores a descoberta de Jason da máscara nesse filme é quase acidental. No *reboot* eles quiseram contar uma história mais elaborada de como Jason descobriu a máscara. Quanto à máscara em si não, mexeram muito no seu *design* para não desapontar os fãs.[398]

O *Sexta-feira 13* de 2009 mantém o padrão em relação aos protagonistas da franquia. Sim, os personagens principais são legais e não fazem sexo durante o filme. Whitney já ganha a nossa simpatia no começo do filme, quando diz que quer voltar da viagem pra cuidar da mãe doente. Um mês depois de Whitney desaparecer misteriosamente o seu irmão Clay continua a procurá-la na cidade, além de enfrentar o valentão Trent (Travis van Winkle). Para além disso, há algo que liga emocionalmente os personagens principais: o

---

398. *Ibid.*

destino trágico de suas mães. Jason vê, impotente, a sua mãe ser degolada. A mãe de Clay e Whitney morre acaba morrendo de câncer. A mensagem parece ser: "o que importa é família". Jason vive para vingar a sua mãe e o luto reforça o laço dos irmãos Miller. Tanto é que as ligações românticas pouco importam nesse *Sexta-feira 13*. (Se é que importaram algum dia). Mike, o namorado de Whitney, morre logo no começo do filme. Clay quase faz par com Jenna (Danielle Panabaker), namorada de Travis, mas o futuro dessa relação a dois morre nas mãos de Jason.

O *reboot* foi um sucesso e uma sequencia foi programada para 2010. Até hoje não saiu do papel. São vários os motivos. Um deles era: qual seria o estilo do filme? A Paramount trabalhou por um tempo na ideia de fazer o filme no estilo "imagens de arquivo", inspirados no sucesso de *Atividade Paranormal* (2007). O outro seria um num estilo retro anos 1980. Outra ideia foi fazer um *reboot* do *reboot* dando à Pamela Voorhees um papel maior na história. Nenhum desses projetos vingou. É provável que, quando os direitos da franquia revertam para a Warner Brothers / New Line em 2018 possamos ver a cara do próximo Jason.[399]

---

399. http://www.indiewire.com/2017/02/friday-the-13th-reboot-doomed-1201780782.

Capítulo 5
Freddy Krueger – *A Hora do Pesadelo* (1984)

A Hora do Pesadelo

Get Ready for Freddy!

A história de Freddy Krueger começa quando Wes Craven (1939-2015), um professor com mestrado em filosofia, larga sua carreira acadêmica. Resolve realizar seus sonhos, fazendo filmes de terror.[400] Constrói sua carreira com pequenos êxitos: *Aniversário Macabro* (1972) e *Quadrilha de Sádicos* (1977). Infelizmente, Craven também colecionou dois fracassos de bilheteria: *Deadly Blessing* (1981) e *Swamp Thing* (1982), ainda inéditos no Brasil.

Foi em 1981 que ele teve o vislumbre de sua criação mais duradoura. Craven teve a ideia de fazer um filme em torno de três matérias que saíram no espaço de um ano e meio no *L.A. Times*. Eles falavam das

---
400. ROBB, 1999, p. 14.

mortes misteriosas de três jovens emigrantes asiáticos. Eles contaram para seus pais que estavam tendo pesadelos horríveis, e estavam com medo de morrer. O medo deles era tanto que se privavam de sono. Os pais respondiam que esses pesadelos eram consequência de noites maldormidas, e que se dormissem de novo tudo ia ficar bem. Os três acabaram morrendo durante o sono.[401] As autópsias não revelaram nenhuma *causa mortis* aparente.[402] Suas mortes até hoje continuam um mistério.

Foi aí que ele pensou: "E se alguém contasse para todos seus conhecidos que estavam tentando matá-lo durante os sonhos? Ninguém ia acreditar".[403] Armado com essa ideia, Craven teve de esperar três anos para filmar *A Hora* porque ninguém em Hollywood enxergou potencial comercial do filme.[404]

A Hora do Pesadelo não foi um sucesso imediato. Seu sucessor, (*A Vingança de Freddy*) rendeu 30 milhões de dólares. Considerando o seu orçamento de 3 milhões de dólares foi um lucro excepcional.[405] Prova dos poderes de Freddy.

---

401. *Ibid*, p. 61.
402. *Ibid*, p. 62.
403. *Ibid*.
404. *Ibid*, p. 65.
405. *Ibid*, p. 95.

O sucesso de *A Hora do Pesadelo* permitiu a New Line Cinema expandir seu leque de produções. A título de exemplo, ela lançou desde a trilogia *Senhor dos Anéis* (1999-2003) até a distribuição estrangeira de *Cidade de Deus* (2001). Fora isso a série também lançou as carreiras de Johnny Depp e Patricia Arquette.

Wes Craven roduziu mais filmes. Seu grande sucesso depois de *A Hora do Pesadelo* foi a série *Pânico*. Juntos, os quatro filmes dessa franquia faturaram mais de 300 milhões de dólares. Outros destaques na filmografia do diretor foram *As Criaturas Atrás das Paredes* (1991) e *Voo Noturno* (2005).[406]

Fred: o retrato de um *serial killer*

Segundo o *Crime Classification Manual* do FBI,[407] para alguém ser classificado como psicopata ou *serial killer* têm de atender a três critérios fundamentais:

a) Quantidade: ele comete pelo menos três assassinatos;
b) Lugar: os assassinatos ocorrem em diferentes lugares;
c) Tempo: existe um intervalo entre os assassinatos, de várias horas a até vários anos.

---
406. http://www.boxofficemojo.com/people/chart/?id=wescraven.htm.
407. SCHECHTER, 2003, p. 7.

Segundo Harold Schechter, autor de *Serial killers: Anatomia do Mal* (2013), esses critérios são muito limitados para traçar, de forma fiel, o perfil de um psicopata.[408] Entre as omissões, Schechter cita a inteligência acima da média de um *serial killer*;[409] sua frieza e calculismo;[410] o abuso sistemático que sofreram quando crianças[411] e a natureza sexual de seus crimes.[412]

Será que Freddy se encaixa nesse perfil? E como? Ou ele é mais mito do que realidade?

No critério de quantidade, Freddy gradua com um louvor já que conseguiu matar 20 crianças de Elm Street antes de ser pego. Esse número é ilustrativo de sua inteligência: é preciso um QI acima da média para se safar com tantas mortes.[413]

Freddy é altamente territorial, assim como os *serial killers* de carne e osso: ele sempre "caça" na mesma área, que pode variar de tamanho: um bairro ou cidade, inteira, [414] – o importante é que ela está sempre dentro de uma zona familiar para o assassino.[415] No caso específico de Freddy, seu "território de caça" é Sprin-

---
408. *Ibid*.
409. *Ibid*, p. 42.
410. *Ibid*, p. 27.
411. *Ibid*, p. 35.
412. *Ibid*, p. 17.
413. *Ibid*, p. 28.
414. *Ibid*, p. 42
415. *Ibid*, p. 288.

gwood, com uma preferência especial pela infame Elm Street.

Freddy também tem outra coisa em comum com alguns psicopatas famosos: ele prefere cometer seus crimes *dentro* de casa.[416] Prova disso é um cenário recorrente em toda série: a "sala da caldeira" onde *Freddy* morava e trabalhava. Era lá também onde matava as crianças de Elm Street e depois queimava seus restos mortais. É uma espécie de "justiça divina" quando ele morre, queimado vivo, pelas mãos dos pais de suas vítimas na sua amada sala de caldeira.

Vimos que os crimes de psicopatas têm uma natureza sexual. É isso que Freddy está procurando? À primeira vista, não. Portanto, é interessante descobrir que o vilão de *A Hora do Pesadelo* era originalmente um pedófilo. Esse detalhe foi retirado quando, paralelo às filmagens, explodiu um escândalo na Califórnia envolvendo o abuso sexual de menores em um bairro nobre de Los Angeles. Os envolvidos na produção tiraram a parte do "abuso infantil" do roteiro, para evitar qualquer associação com o escândalo.[417]

A única coisa que sobra é saber se Freddy foi ou não abusado quando criança. Vemos, em *Parte 6*, um Freddy criança sendo caçoado pelos seus colegas de

---
416. *Ibid.*
417. ROBB, *op. cit.*, p. 82.

turma. Mais importante, fica implícito em outra cena que ele apanhava do seu pai adotivo (no papel, o *shock-rocker* Alice Cooper). Comprovadamente, todo psicopata vem de ambientes emocionalmente instáveis,[418] o que justificaria o seu comportamento já adulto. Mas ele não se tornou um monstro só por isso. É aí é que a coisa fica mais tenebrosa.

O nascimento de Freddy é um atentado contra a natureza. É a violação de algo sagrado, puro (uma freira), por forças demoníacas, impuras (assassinos loucos). E esse sentimento de profanação é multiplicado pelo número de estupradores: foram cem no total lunáticos (!). Ele estava condenado desde que nasceu. É a teoria do *bad seed*[419] – "semente ruim" – elevada a um plano sobrenatural.

Freddy, um *incubus* moderno

A ideia de que espíritos malignos podiam interferir no nosso sono é antiga na cultura Ocidental. Na Grécia antiga, Aristóteles acreditava que uma das possíveis causas dos sonhos era a influência de espíritos.[420] No imaginário medieval cristão, os abusos sexuais por demônios, os *incubi* – junto com suas contrapartes femininas, as *succubi* – eram de proporções epidêmi-

---
418. SCHECHTER, *op. cit.*, p. 256.
419. *Ibid*, p. 255.
420. FREUD, 1996, vol. 4, p. 40.

cas.[421] Alguns séculos depois, em plena época vitoriana, o francês Allan Kardec – "pai" da doutrina espírita[422] – escreveu a respeito dos "espíritos obsessores" em seu *Livro dos Médiuns* (1861). Essas entidades, de índole maléfica, impõem seu controle sobre os médiuns com o propósito de prejudicá-los no plano espiritual.[423] O psicólogo e espírita Adenáuer Novaes afirma que, do ponto de vista do kardecismo, os pesadelos são fruto de uma obsessão espiritual (o que não excluiria possíveis fatores psicológicos).[424]

Pulemos para o início dos anos 1980. Wes Craven tem a grande sacada de sua vida: "E se existisse alguém que te matasse dentro de seus sonhos? Como poderia lutar contra alguém assim? E quem acreditaria em você quando você dissesse que poderia ser morto durante um pesadelo?", perguntava a si mesmo. Um assassino onírico também é interessante, porque existe aí um elemento de implacabilidade: *todos nós, todos temos de dormir alguma hora;* ou seja: não tem como escapar de Freddy.

Percebam, no entanto, que Freddy, o personagem, não segue ao pé da letra esses mitos e superstições. Pode-se dizer que, enquanto vivo, Freddy era praticamente um *incubus* de carne e osso. No entanto, quando ele

---
421. SAGAN, 1996, p. 117.
422. STOLL, 2003, p. 17.
423. KARDEC, 1985, p. 454.
424. NOVAES, 2001, p. 180.

"renasce das trevas", sua motivação é outra. Sádico, ele abusa de suas vítimas – mas não *sexualmente*. Nesse sentido ele é puro desejo de morte.

Wes *versus* Freddy

Nossa análise da "personalidade" de Krueger ficaria incompleta se nós não falássemos de seu criador, Wes Craven.

Wesley Earl Craven nasce em 2 de agosto de 1939 em uma família batista, profundamente religiosa[425], em que muitas coisas eram proibidas, incluindo sexo e cinema.[426] Seu ambiente familiar era imerso em um mundo misterioso, dividido entre o bem e o mal. Além disso, logo cedo experimentou duas perdas marcantes: o divórcio dos seus pais e logo depois a morte de seu pai, quando tinha apenas 5 anos.[427]

Sua eventual guinada para filmes de terror foi uma rebeldia tardia contra sua criação fundamentalista,[428] e um jeito de lidar com seus próprios problemas. Ele próprio vê os filmes de terror como uma forma de catarse[429] e de trabalhar seus medos infantis, na verdade universais: o medo do abandono, o medo da escuri-

---
425. ROBB, *op. cit.*, p. 11.
426. *Ibid*, p. 12.
427. *Ibid*, p. 11.
428. *Ibid*, p. 12.
429. *Ibid*, p. 82.

dão e a impotência sentida diante de alguém muito mais forte do que você.[430] O nome "Freddy Krueger", por exemplo, saiu de um garoto que o atormentava na escola.

A personificação de medos infantis, como vimos, é sempre eficiente na hora de dar sustos no cinema.

Choque de gerações

Além da vingança de Freddy, o tema do "choque entre gerações" é o outro fio condutor da franquia. No primeiro *A Hora do Pesadelo* três amigos de Nancy morrem porque seus pais não contaram a "verdade" sobre Freddy. A mãe de Nancy, uma das responsáveis por isso, morre junto. Em *Parte 2*, Jesse Walsh (Mark Patton), tem um relacionamento conturbado com o pai, um sujeito rígido e autoritário. Jesse acaba sendo possuído por Freddy por causa do pai: ele não contou para a família o passado macabro da sua nova casa em Elm Street, nº 1428 – a mesma casa onde Nancy e a família moravam. Em *Parte 3*, Freddy ataca de novo os adolescentes de Elm Street. Os que sobraram estão internados em um hospital psiquiátrico, por causa de seus pesadelos. Os psiquiatras, as figuras de autoridade desse filme, dizem que os pesadelos de seus

---

430. *Ibid*, p. 11.

internos com Freddy, não passam de um "delírio grupal".

A partir da *Parte 4*, o tema assume diferentes formas. As últimas crianças de Elm Street são mortas, mas não antes de Kirsten Parker (Patricia Arquette), protagonista de *Parte 3*, passar seus "poderes especiais" convocar outras pessoas para dentro de seus sonhos para Alice Johnson (Lisa Wilcox), a protagonista das *Partes 4 e 5*. Freddy, então, passa a matar os amigos de Alice. O pai de Alice é alcoólatra, continuando a tradição de "famílias problemáticas" da série. Em *Parte 5* temos o filho de Alice, Jabob (Whitby Hertford), virando-o contra a própria mãe por causa das mentiras de Freddy (apesar de ainda ser um feto!). Por último, descobrimos em *Parte 6* que Freddy tinha uma filha, a psiquiatra Maggie Burroughs (Lisa Zane). Quando descobre quem é seu verdadeiro pai, Maggie luta contra ele para acabar com seu legado uma vez por todas.

Essa situação contribui para o desespero dos protagonistas. Eles se sentem isolados, porque ninguém vai ouvir o pedido deles de socorro. Eles se sentem sufocados, porque têm de lutar sozinhos com um inimigo muito superior a eles. Eles se sentem encurralados, porque Freddy é impossível de ser evitado. E as autoridades, nas quais confiam, não podem ajudá-los. Pior: escarnecem-nas, e os culpam pela sua própria situação.

Um *trash cult*

À primeira vista é difícil perceber a conexão entre *A Hora do Pesadelo* e o cinema de vanguarda europeu. Mas ela está lá. Olhemos de perto.

Quando estudava Psicologia e Literatura no Wheaton College, Craven assistia assiduamente aos filmes de Bergman, Jean Cocteau e Fellini. Esse tipo de cinema teria sido a sua primeira opção. Ele mesmo admite que optou por fazer filmes de terror por falta de escolha.[431]

A Hora do Pesadelo deve muito, por exemplo, à obra do mestre do cinema surrealista, Luis Buñuel (1900-1983). Assim como Buñuel,[432] Craven tira sua matéria-prima das suas experiências oníricas.[433] Os dois também fizeram filmes que bateram de frente com os detentores da moral e dos bons costumes. No caso de Buñuel, era o famoso *épater le*s *bouergois* – chocar a burguesia.[434] Já Craven denunciava, por meio de seus filmes, o autoritarismo religioso e paternal dentro do qual foi criado.[435]

---

431. *Ibid*, p. 13.
432. EBERT, 2004, p. 109.
433. ROBB, *op. cit.*, p. 13.
434. EBERT, *op. cit.*, p. 109.
435. ROBB, *op. cit.*, p. 12.

Outro *link* com o surrealismo é o pesadelo de Debbie (Brooke Theiss), de *Parte 4, O Mestre dos Sonhos*. Nele Deb é transformada em uma barata por Freddy, e depois esmagada com violência. Pessoas que se transformaram em insetos lembram *A Metamorfose* (1915), de Franz Kafka, um dos precursores do surrealismo. Não é uma conexão casual. Em uma das cenas do filme, Kristen entra na sala de aula e dois alunos estão conversando sobre o autor tcheco ("Kafka e Goethe nunca foram incompatíveis").

Os contos de Kafka geralmente enfocam a progressiva alienação de um indivíduo em relação ao seu ambiente por causa de histórias que evocam o absurdo a todo instante. A história de *A Metamorfose* é sobre o caixeiro-viajante Gregório Samsa, que de um dia para o outro se vê transformado em um inseto gigante. Outrora tão amado pelos pais e pela sua irmã, Gregório acaba se tornando um estranho na sua própria casa.[436]

Já o tom do pesadelo de Debbie é irônico. Ela é uma adolescente obcecada por beleza e malhação; deve ter sido um sofrimento intenso ser transformada em um bicho feio e nojento. Além disso, ela é esmagada com a mesma violência com que pisara em uma barata, logo no começo do filme.

---

436. KAFKA, 1996, p. 23.

Um conto de fadas para adolescentes

Além de sonhos, a série *A Hora do Pesadelo* recorre sempre a elementos do mundo infantil. Além de mostrar de forma recorrente crianças em triciclos, brincando de pular corda, etc., o repertório do filme tem contos de ,fada e canções de ninar. Um desses elementos mais marcantes é a "cantiga de Freddy":

Um, dois	One, two
O Freddy vem te pegar	Freddy's Coming for You
Três, quatro	Three, four
A porta é bom trancar	Better lock your door
Cinco, seis	Five, six
Tenha um crucifixo ao lado	Grab your crucifix
Sete, oito	Seven, eight
É melhor ficar acordado	Better stay up late
Nove, dez	Nine, ten
Voltar a dormir nem pensar	Never sleep again

O final da *Parte 2*, *A Vingança de Freddy,* recicla o conto de *A Princesa e o Sapo*. A interpretação que o psicanalista Bruno Bettelheim deu para o conto original merece ser ouvida. Para ele, o ato de a princesa beijar o sapo é, simbolicamente, encarar a parte repulsiva do sexo,[437] enquanto o aparecimento do príncipe seria a recompensa pelo seu esforço.[438]

Já em *Parte 3, Guerreiros dos Sonhos*, uma das cenas finais é dentro de uma sala de espelhos. Quem foi criança durante essa época deve se lembrar das feirinhas onde tinham espelhos convexos de vários tamanhos. Depois dos protagonistas entrarem nessa sala, Freddy reaparece arrastando Nancy, Kirsten e Kincaid (Ken Sagoes) para dentro dos espelhos. Essa capacidade de entrar e sair de um espelho lembra o conto *Através do Espelho e o que Alice Encontrou por Lá* (1871), de Lewis Carroll, o mesmo autor de *Aventuras de Alice no País das Maravilhas* (1865). Logo no começo da história, Alice entra no espelho.[439]

No entanto, entrar no espelho nessas duas histórias seguem dois caminhos bem distintos. É uma analogia superficial. Em *Através do Espelho*, a ideia de Carroll é mostrar Alice em um mundo onde tudo é "de cabeça para baixo".[440] São inversões esquerda-direita,[441] livros escritos ao contrário,[442] biscoitos secos que matam a sede e mensageiros que sussurram gri-

---

437. BETTELHEIM, 1980, p. 319.
438. Na versão dos Grimm (2005), a princesa não beija o sapo; o Sapo se torna príncipe quando a princesa, revoltada com seus pedidos, joga-o com toda força contra a parede. Isso derrubaria a interpretação de Bettelheim. No entanto, antes da revolta da princesa, um dos pedidos do sapo é, "leve-me para seu quarto e prepare a sua cama de seda para podermos dormir". Dar uma interpretação sexual a isso seria fácil, mas seria forçada... Ou não?
439. CARROLL, 2002, p. 139.
440. *Ibid*, p. 138.
441. *Ibid*, p. 137.
442. *Ibid*, p. 143.

tando.⁴⁴³ Em *Parte 3*, o contexto é bem diferente. Em primeiro lugar, os múltiplos espelhos indicam que o ataque de Freddy pode vir de qualquer direção, o que é assustador para os protagonistas. Em segundo lugar, ser arrastado por Freddy para dentro do espelho não é só sumir dentro do desconhecido – é o caminho para morte certa.

Mas as conexões de *A Hora do Pesadelo* com *Alice no País das Maravilhas* não encerram aí. A heroína Alice (coincidência?), no pesadelo final da *Parte 4*, desce um túnel gigantesco e cai, através de um vitral, em uma Igreja abandonada. Freddy a recebe com a frase: "Bem-vinda ao País das Maravilhas, Alice". Lembrem que, quando a Alice original foi seguir o famoso coelho branco, ela entra em um túnel que dá no País das Maravilhas.⁴⁴⁴

Cabe fechar esta seção com um comentário importante: contos de fadas e *slasher movies* têm uma relação mais próxima do que parece. Os dois carregam mensagens morais e são notáveis por sua brutalidade. A diferença é que enquanto os contos de fadas são destinados a crianças, os filmes de terror têm um público majoritariamente adolescente. A maioria dos *slashers* fazem a mesma coisa, tratando de temas tipicamente adolescentes: sexo, drogas e rock'n'roll.

---

443. *Ibid*, p. 139.
444. CARROLL, *op. cit.*, p. 11.

Humor negro

Um dos aspectos marcantes da série é o humor cavernoso de Freddy, inaugurando a era do *terrir*. Fazendo uma leitura psicanalítica do humor, Freud considerava-o um processo defensivo.[445] Ele é libertador[446] porque sua ação evita emoções desagradáveis.[447] Transportando esses *insights* freudianos para *A hora do pesadelo*, vemos que as piadas de Krueger, em vez de aumentar a tensão da narrativa, aliviam-nas. A priori esse humor seria deslocado, supondo que as pessoas assistem a filmes de terror não para rir, mas para se assustar. No entanto, pasmem: a fórmula deu certo.

Por causa de suas piadas de mau gosto Freddy Krueger foi o primeiro vilão *slasher* a não esconder o ator atrás de uma máscara. Para tornar Freddy convincente, os filmes exigiram o talento de Robert Englund, que deu a veracidade necessária ao personagem.

Além de suas piadas de mal gosto, Freddy tem outras características decididamente humanas. Ele ri, faz caretas e interage com suas futuras vítimas. Em suma: ele é muito mais expressivo que a concorrência: Jason e Michael Myers.[448] Isso o torna mais ambíguo e humano.[449]

---

445. FREUD, 1996, vol. 7, p. 216.
446. FREUD, 1996, vol. 21, p. 166.
447. FREUD, *op. cit.*, vol. 7, p. 217.
448. ROBB, *op. cit.*, p. 81.
449. *Ibid*, p. 63.

Craven lembra que uma aula de literatura inglesa foi o germe da inspiração desse vilão quase humano. Nela, um professor chamou sua atenção para o poema épico *Paraíso Perdido,* de John Milton. Nele, Lúcifer, expulso do Paraíso, é tratado por Milton como uma figura trágica.[450] Craven não deixou essa lição passar em branco quando criou Freddy. Nesse sentido *A Hora do Pesadelo* segue a "regra de ouro" de Hitchcock: "quanto mais perfeito for o vilão, mais perfeito será o filme".[451]

Essa "humanidade" de Freddy teve seus efeitos colaterais. Robert Shaye, um dos donos da New Line, achava que os *slashers* da produtora deveriam ser uma espécie de *fast food*, algo para divertir mais do que assustar.[452] Resultado: Freddy ficou "pop" demais, o que contribui para a derrocada da franquia.

A interpretação dos pesadelos

Freud acreditava que os sonhos inventados por escritores eram analisáveis de modo igual aos que temos naturalmente durante o sono.[453] Nos dez anos em que a série existiu foram produzidos mais de 60 pesadelos (63, para ser mais ser exato). Decidi me restringir aos pesadelos do primeiro filme e, mesmo assim, vou cortar três deles. Um deles é o de quando Nancy está

---
450. *Ibid*, p. 13.
451. TRUFFAUT, 2004, p. 189.
452. ROBB, *op. cit.*, p. 83.
453. FREUD, 1996, vol. 9, p. 19.

na clínica de sono, fazendo um teste polissonográfico (não vemos o que ela sonha). O outro sonho (na verdade, são dois) acontece quando Nancy cochila na banheira, depois da clínica. Esses dois sonhos são curtos e têm poucos detalhes.

Pesadelo 1: cena de abertura

O filme abre com um pesadelo, recurso recorrente da franquia (partes *2, 5, 6* e *7*). Vemos Tina Gray (Amanda Wyce) de camisola, correndo dentro de uma usina desocupada. (Mais tarde descobriremos que lá está a mesma sala de caldeira onde Freddy morava).

O que mais chama atenção, nesse primeiro sonho, é a aparição repentina de uma ovelha. Segundo Wes Craven ela é um tributo pessoal seu a Buñuel. A atriz Heather Langerkamp declarou que responde mais perguntas sobre essa ovelha do que qualquer outra coisa de *A hora do pesadelo* original.

Apesar dessa ovelha "emprestada" de Buñuel, seria um engano achar o seu simbolismo com o de *O Anjo Assasino* (1966) ou *Simão do Deserto* (1965). A ovelha do sonho de Tina não é uma libelo declaração política; tem um significado, de maior parte, religioso.

A ovelha é o símbolo tradicional do "rebanho" cristão.[454] Além disso, o cordeiro (filhote dela)[455] é símbolo do sacrifício do filho único de Deus, Jesus.[456] O cordeiro também pode assumir uma simbolização mais abrangente: a do sacrifício de inocentes;[457] neste caso, o de Tina. Essa interpretação é reforçada por duas evidências: a criação religiosa de Craven e o crucifixo pendurado na parede do quarto de Tina. Juntando os pontos, o sonho dá a dica de quem vai ser o primeiro "sacrifício".

Uma das grandes sacadas de *A Hora do Pesadelo* é usar sonhos comuns. Nesse pesadelo que abre o filme, Tina passa por uma experiência típica: a de ser perseguida durante os sonhos.

Pesadelo 2: a morte de Tina Gray

Tina acorda sobressaltada com alguém jogando alguma coisa na janela de sua casa. Quando olha o vidro da janela ela percebe que é um dente. Aqui, Craven rende outra homenagem: é uma "citação" de *Le Locataire* (1976), do diretor Roman Polanski. A cena homenageada corresponde a quando Trelkovsky (interpretado por Polanski) acha um dente fincado na

---

454. FERREIRA, 1975, p. 1012.
455. *Ibid*, p. 384.
456. CIRLOT, 1997, p. 150.
457. *Ibid*.

parede do apartamento que está alugando. Antes dele, quem alugava o apartamento era uma suicida misteriosa, Simone Choule (Dominique Poulange). Assim como "a ovelha de Buñuel", o "dente de Polanski" está mais para uma homenagem ao diretor favorito do que para uma partilha simbólica proposital.

Cabe aqui esclarecer o provável motivo dessa homenagem. Roman Polanski, quando dirige filmes de terror e suspense, gosta de focar no drama de personagens psicóticos, em que nunca se sabe se ele está delirando ou se a história que vive é real. Além de *Le Locataire*, temos nessa linha os clássicos *Repulsa ao Sexo* (1965) e *O Bebê de Rosemary* (1967). As histórias dessa "trilogia" situam-se no limite da sanidade de seus protagonistas. Assistindo a eles, o espectador não sabe se os personagens estão realmente passando por aquilo ou se estão alucinando. É provável que Craven tenha absorvido essas estratégias de Polanski ao fazer o primeiro *A Hora do Pesadelo*. Freud disse que isso é um típico artifício para evocar o "estranho".[458]

No decorrer do sonho, Wes Craven explora novamente o tema da perseguição. A morte de Tina também coincide com a fórmula *stalker* – se você faz sexo, morre. Craven também brinca de novo com a noção de que a realidade é relativa. Quem vai acreditar em Rod

---
458. FREUD, 1996, vol. 18, p. 261.

Lane (Nick Corri) quando ele disser que viu Tina voar e ser estripada por garras invisíveis? Nós, espectadores, sabemos a verdade; nós estamos do lado de Nick; mas e quanto aos investigadores?

Pesadelo 3: Alucinações no *High School*

Nancy já não dorme faz alguns dias. Está visivelmente cansada na sala de aula. A professora (Lin Shaye) está falando do dramaturgo inglês William Shakespeare (1564-1616):

> Segundo Shakespeare, há algo operando na natureza; talvez na própria natureza humana que está podre. Um cancro; como ele diz. A reação de Hamlet a isso e às mentiras da mãe foi a de cavar e buscar continuamente como os coveiros que tentam atingir abaixo da superfície. O mesmo vale para Júlio César.[459]

Repararam como essa interpretação da professora tem tudo a ver com os temas do filme? Ela pede para um colega de Nancy ler um trecho da obra de Shakespeare:

---
459. Diálogo extraído do filme *A Hora do Pesadelo* (1984).

No estado mais alto e próspero de Roma, um pouco antes da queda do poderoso Júlio, as covas ficavam desabitadas, e os mortos choravam nas ruas. Como astros em chamas e gotas de sangue, desastres ocorriam. Sob sua influência, o império de Netuno...[460]

Nancy começa a cair no sono. É nessa hora que Nancy vê Tina no corredor chamando-a, ensanguentada, dentro de um saco preto. O último trecho lido por John dá o tom da cena:

Ó Deus, eu poderia ser preso em uma concha e considerar-me rei do espaço infinito se apenas não tivesse sonhos maus[461] *(sic)*.[462]

Essas imagens e sons sentidos por Nancy na transição entre sono e vigília são chamados de alucinações hipnagógicas.[463] Eles incorporam elementos da realidade (a escola) e do sonho (a memória de Tina ensanguentada, dentro de um saco de legista).

---
460. *Ibid.*
461. *Ibid.*
462. Na verdade, a tradução correta teria sido sonhos ruins, ou pesadelos.
463. Segundo os critérios diagnósticos do DSM-IV-TR (2002, p. 579). Etimologicamente, a palavra é uma combinação de Hypnos, o deus grego do sono (LONG, 1987, p. 816) com *agogo*, "o que leva", "o que conduz" (FERREIRA, *op. cit.*, p. 51) e o sufixo *ico*, que significa "em relação" ou "em referência" (*Ibid*, p. 737).

Nancy, então, sai correndo pelo corredor e dá uma trombada em uma menina vestindo a mesma malha de Freddy. (É o próprio.) Nancy segue o rastro de sangue de Tina até o porão da escola. Cabe dizer aqui que "descer ao porão" pode ser uma metáfora de entrar em contato com o inconsciente; e ela tem tudo a ver com a análise de Shakespeare feita pela professora de Nancy ("cavar e atingir abaixo da superfície, como um coveiro"). Nancy descobre que esse porão é o mesmo cenário do pesadelo da sua falecida amiga: a sala da caldeira de Freddy.

O dono da casa aparece para receber sua relutante hóspede. "Quem é você?", grita Nancy. Freddy responde como melhor sabe: com suas garras. Começa de novo o tema da perseguição, com Nancy gritando desesperadamente a dizer: "Isso é só um sonho".[464] Seu último recurso é encostar o braço em um cano fervendo e daí consegue acordar.

---
464. Diálogo extraído do filme *A Hora do Pesadelo* (1984).

Pesadelo 4: Lucidez estilhaçada

Nancy faz um experimento: ela decide dormir de novo, mas com Glenn do lado e o despertador ligado. Freddy aparece de novo, e persegue Nancy pela casa. Subindo as escadas, seu pé afunda em um degrau, que nesse ponto tinha virado uma espécie de "areia movediça". Craven explora aí outro sonho típico: o de ficarmos presos, paralisados.

Nancy consegue fugir e se trancar dentro do próprio quarto e se lembra do diálogo que teve com Glenn, sobre virar as costas para o bicho-papão e tirar sua energia. Ela fica repetindo para si mesma: "É só um sonho. Não é real. É só um sonho!".[465]

A busca por ter uma consciência de que aquilo que está acontecendo não é realidade e sim, 'apenas um sonho', alude ao conceito de *sonhos lúcidos*, que é "o nome dado ao fenômeno notável de sonhar estando completamente consciente de estar sonhando".[466] O próprio Craven é versado no assunto. Fazia parte da rotina dos tempos de faculdade lembrar e escrever os sonhos.[467] Para especialistas, esse é um passo fundamental para começar a ter sonhos lúcidos.[468] Craven foi desenvolvendo essa habilidade a tal ponto que,

---
465. *Ibid.*
466. LABERGE, 1990, p. 13.
467. ROBB, 1999, p. 62.
468. HARARY; WEINTRAUD, 1993, p. 15.

durante um festival em Bruxelas, em 1989, sonhou o roteiro inteiro do filme *As Criaturas Atrás das Paredes* (1991).[469] Nesse sonho ele tinha plena consciência de que era ele, Wes Craven, cineasta, que estava sonhando o roteiro daquele filme naquele momento.[470]

Wes Craven, hábil conhecedor das analogias dos sonhos, botou Nancy para fazer esse monólogo justamente na frente de um espelho. Não é coincidência. Se pensarmos, "qual é a função de um espelho"? É a de refletir a imagem da pessoa que o mira. Assim é a capacidade de autorreflexão da consciência. Não é à toa que o especialista em símbolos Eduardo Cirlot o chama de "o órgão da autocontemplação".[471]

Nesse contexto, Freddy quebrar o vidro significa a quebra da lucidez de Nancy, jogando-a de volta aos seus medos irracionais e à perseguição caótica por ele a que estava sujeita. Assim, Freddy acaba virando a mesa.

Cabe falar mais uma coisa sobre "ter consciência". Craven, na seção de extras do DVD *A Hora do Pesadelo*, comenta que a distinção entre o que é realidade ou sonho é a base filosófica do filme:

---

469. ROBB, *op. cit.*, p. 62.
470. *Ibid*, p. 63.
471. CIRLOT, *op. cit.*, p. 200.

Nesse filme, sono é igual à falta de conhecimento da verdade. Então, para sobreviver, você deve saber a verdade: tem que encará-la e viver com ela. O fato de todos os pais estarem escondendo a verdade sobre o que fizeram está causando muito sofrimento para a próxima geração.[472]

Pesadelo 5: Rod Lane morre

Rod Lane morre enforcado na prisão. Do jeito que acontece é muito difícil contradizer a hipótese do suicídio. E qual seria a alternativa? Acreditar em um *serial killer* fantasma que mata durante o sono? É claro que não...

Pesadelo 6: KRGR TV

Em mais um caso o erro de uma geração condena a próxima, o Sr. Lantz (Ed Call) tira o telefone do gancho, cortando a comunicação de Nancy com seu futuro ex-namorado. É uma declaração de morte.

Se prestarem atenção, logo quando Glenn começa a zunir, aparece na sua televisão o letreiro "KRGR TV". É um sinal de que Glenn está ferrado. Glenn é "sugado"

---
472. Trecho extraído dos extras do DVD de *A Hora do Pesadelo* (1984).

pela sua cama e "cuspido" de volta. Não sobra muita coisa – só galões e galões de sangue, pingando do teto e infiltrando a casa inteira, inundando-a de sangue. O ato de ser "sugado" pela cama remete a outro tema recorrente em sonhos a sensação de estar caindo.

Pesadelo 7: o retorno de Freddy

Esse é o pesadelo em que Nancy consegue trazer Freddy inteiro para o mundo real. Essa ideia de trazê-lo "para a realidade" tem a ver com a descoberta que Nancy fez durante seu teste polissonográfico (ela acordou com o chapéu de Krueger nas mãos). A ideia implícita é a de que, no mundo físico, Freddy é um ser humano "normal" (tradução: pode ser morto).

Trazer Freddy para a "realidade" tem um significado importantíssimo. Se Freddy habita os sonhos, e os sonhos são quase sinônimos das forças do inconsciente,[473] trazê-lo para a realidade significa trazer Freddy para o consciente. Isso casa com o comentário de Craven sobre o "fundamento filosófico" de *A hora do pesadelo*. Então, para Freddy sobreviver, você tem de se manter acordado, consciente e descobrir a "verdade" custe o que custar.

---

473. VAN DE CASTLE, 1994, p. 178.

Nancy enfrenta Krueger e diz para ele: "Te dei energia demais". Ela aparentemente derrota Krueger, mas o custo é alto: Nancy perde sua mãe no processo.

Pesadelo 8: o pesadelo final

Invocando seu novo poder sobre os sonhos, Nancy reverte tudo o que aconteceu. Seus amigos e sua mãe estão vivos novamente. Tudo parece ter voltado ao normal.

Mas tem alguma coisa errada. O carro de Glenn tem um capô conversível pintado de verde e vermelho. O carro começa a andar sozinho e tranca todos os passageiros dentro. Ouvem-se risadas diabólicas...

A volta de Freddy... E Jason

O burburinho foi grande quando *Freddy vs. Jason* (2003) foi anunciado. "Como vai ser a briga dos dois? Quem vai ganhar?", perguntavam os fãs. Apostando nisso, o *site* oficial do filme tinha a "ficha criminal" da dupla, que incluía peso, altura, arma predileta e quantas mortes cada um já acumulou.[474]

---

474   http://www.freddyvsjason.com.

A ideia na verdade é bem antiga. Robert Englund disse que em 1984 ou 1985 os fãs já tinham sugerido um *crossover* entre os dois *slashers*.[475] Quando a Paramount finalmente perdeu os direitos da franquia, Sean Cunningham vendeu ela para Robert Shaye, fundador e ex-CEO da New Line Cinema. O projeto demorou de sair do papel; ele teve de passar por 17 roteiros e 60 entrevistas com diretores para começar a ser rodado. O prêmio foi para Shannon e Swift, os futuros roteiristas do *reboot* de *Sexta-feira 13*, e o diretor chinês Ronny Yu. Shaye se convenceu que Yu era o homem certo para o trabalho depois de assistir *Entre o Amor e a Glória* (1993) e *A Noiva de Chucky* (1998).[476]

Robert Shaye apostou na direção de Ronny Yu para o filme ter o diferencial que precisava. Dá pra sentir o estilo Hong Kong de fazer cinema na criatividade das cenas de luta entre Freddy e Jason. Paralelo a isso, Yu foi à raiz das franquias: buscou inspiração no primeiro filme de cada uma, além de resgatar o jeito *gore* de fazer terror da década de 1980. Olhos furados, cabeças cortadas, braços decepados, sangue jorrando. Tudo é mostrado com uma crueza impressionante. [477]

A premissa do filme é a de que Freddy, por estar fraco, tira Jason (Ken Kirzinger) do inferno para conti-

---
475. Retirado dos *Comentários sobre o filme* dos Extras do primeiro disco de *Freddy vs Jason* (2003).
476. Entrevista retirada dos *Featurettes* do segundo disco de *Freddy vs Jason* (2003).
477. *Ibid.*

nuar a sua vingança contra Elm Street. Para conseguir isso, ele se disfarça de Pamela Voorhees e convence Jason a resuscitar. A partir daí o filme recicla vários elementos das duas franquias. Da parte de *A Hora do Pesadelo*, Freddy ainda tenta matar as "crianças" de Elm Street através dos sonhos – como sempre (dessa vez, com a ajuda de Jason). Freddy também consegue possuir o corpo de um dos personagens do filme. Se lembrem que ele fez a mesma coisa com Jesse, em *Parte 2*. Dois protagonistas do filme estão em um hospital psiquiátrico – o que lembra a situação dos adolescentes da *Parte 3*. O Hypnocil, a droga experimental que Nancy tomava para suprimir seus pesadelos, também é transplantada da *Parte 3*. Quanto a Jason, seu "túmulo" continua sendo o *Camp Crystal Lake* – no começo e no final do filme. Fora isso, Freddy se "disfarçar" de Pamela lembra o que Ginny da *Parte 2* fez para tentar matá-lo. E Jason continua a matar mulheres peladas e adolescentes felizes, como diz Robert Englund.[478]

O plano de Freddy vai bem até Jason sair de controle e começar a roubar Freddy de sua vingança. Aí a briga dos dois assume um tom mitológico: o confronto clássico entre fogo e água, elementos opostos.[479] Freddy é o fogo, por motivos óbvios: ele trabalhava numa sala de caldeira, morreu queimado e passa seus dias de folga no inferno. Já Jason é água: ele quase morreu

---

478. Retirado dos *Comentários sobre o filme* dos Extras do primeiro disco de *Freddy vs Jason* (2003).
479. *Ibid*.

afogado e seu "túmulo" fica no fundo do *Crystal Lake*. Freddy é puro sarcasmo e carisma; Jason é gélido e mudo.

A Hora do Pesadelo (2010)

Mesmo com o sucesso de *Sexta-feira 13* o pessoal da Platinum Dunes – eles de novo – penaram para conseguir os direitos desse *remake*. Para Brad Fuller, que cresceu vendo *A Hora do Pesadelo*, a franquia é a "joia da coroa" dos filmes de terror.[480]

Um fator decisivo para o sucesso do novo *A Hora do Pesadelo* foi Jackie Earle Haley. Nomeado ao Oscar pelo papel de Rorschach em *Watchmen* (2009), Haley não seguiu a linha "terrir" de Robert Englund. O Freddy de Jackie continua piadista, mas a sua interpretação deixa o homem das garras mais sério e sombrio. A linguagem corporal de Haley, o tom cavernoso de sua voz e a maquiagem de Scott Stoddard, imitando a de uma vítima de queimadura real: a ideia é mais terror e menos diversão. A inspiração inicial de Haley veio da performance de Max Schreck em *Nosferatu* (1922) e da literatura a respeito de *serial killers*. Depois descartou essa direção, focando mais a natureza "bicho papão" de Freddy.[481]

---

480. Entrevista retirada dos *Special Features* do Bluray de *A Hora do Pesadelo* (2010).
481. *Ibid*.

É interessante comparar os personagens do *remake* com os do *A Hora do Pesadelo* original. A Nancy de Rooney Mara é tímida e apagada, bem diferente da "garota popular" de Heather Langerkamp. Jesse (Thomas Dekker), o novo "Rod Lane", é mais caloroso que o seu antecessor. Apesar disso, ele contribui para silenciar a existência de Fred Krueger. É Katie Cassidy (Kris Fowles) a que mais se aproxima do espírito de Tina Fey. [482]

Eric Heissener, o roteirista do filme, recuperou o lado censurado do Freddy original: a sua pedofilia.[483] A reinserção desse tema na franquia traz novos questionamentos a respeito de Freddy, o personagem. Será que o abuso de menores na trama explora aquele velho medo dos pais deixarem os filhos com gente desconhecida?"Quando você crescer e ter filhos" diz Alan Smith (Clancy Brown) ao seu filho, Quentin (Kyle Gallner), "espero que você nunca sinta que não conseguiu protegê-los".[484] Indo além, há um ângulo decididamente psicanalítico nas inclinações pedófilas de Freddy: a possibilidade dele ser uma projeção dos impulsos incestuosos reprimidos dos pais de Elm Street.

No mais, esse *A Hora do Pesadelo* seque a prerrogativa da Platinum Dunes de explicar os vilões. Primeiro,

---

482.*Ibid.*

483. *Ibid.*

484. Diálogo extraído do filme *A Hora do Pesadelo* (2010).

ligaram a camisa listrada de Freddy ao Flautista de Hamelin.[485] Quentin diz pra Nancy que o viu em um de seus sonhos. Na leitura dele, o conto é "sobre um cara traído por uma cidade. E ele se vinga levando todas as crianças".[486] Segundo, colocaram a "verdadeira" razão do que fez Freddy ser Freddy. Para os produtores isso nunca ficou claro na franquia. Sim, ele quer se vingar dos pais de Springwood, mas qual era a sua motivação primária? Para Heissener a revelação final do motivo – pedofilia – deixa claro a *raison d'être* de Freddy e amarra melhor a "mitologia" do personagem.[487]

---

485. Entrevista retirada dos *Special Features* do Bluray de *A Hora do Pesadelo* (2010).
486. Diálogo extraído do filme *A Hora do Pesadelo* (2010).
487. Entrevista retirada dos *Special Features* do Bluray de *A Hora do Pesadelo* (2010).

Referências Bibliográficas

AMERICAN PSYCHIATRIC ASSOCIATION. **Manual diagnóstico e estatístico de transtornos mentais: DSM-5.** Porto Alegre: Artmed, 2016.

ARISTÓTELES. Arte poética. In: A POÉTICA clássica. São Paulo: Cultrix, 2005.

BACHELARD, Gaston. **A psicanálise do fogo.** São Paulo: Martins Fontes, 1994.

BADDELEY, Gavin. **Goth chic:** um guia para a cultura dark. Rio de Janeiro: Rocco, 2005.

BETTELHEIM, Bruno. **A psicanálise dos contos de fada.** Rio de Janeiro: Paz e Terra, 1980.

BISKIND, Peter. Easy riders, raging bulls. In: HYDE, Stephen; ZANETTI, Geno (Org.). **White lines**: writers on cocaine. New York: Thunder's Mouth Press, 2002.

BORST, Ronald V. An interview with John Carpenter. In: CONRICH, Ian; WOODS, David (Org.). **The cinema of John Carpenter**: the technique of terror. London: Wallflower Press, 2004.

BRACKE, Peter. **Crystal Lake memories:** the complete history of Friday the 13th. Los Angeles: Sparkplug Press, 2005.

BOULENGER, Gilles. **John Carpenter:** the prince of darkness. Beverly Hills, CA: Silman-James Press, 2003.

BULFINCH, Thomas. **O livro de ouro da mitologia.** Rio de Janeiro: Ediouro, 2002.

BURNAND, David; MERA, Miguel. Fast and cheap? The film music of John Carpenter. In: CONRICH, Ian; WOODS, David (Org.). **The cinema of John Carpen-**

ter: the Technique of Terror. London: Wallflower Press, 2004

CARROL, Nöel. **horror filosofia do horror ou paradoxos do coração**. Campinas, SP: Papirus, 1999.

CARROLL, Lewis. **Alice.** Ed.comentada. Rio de Janeiro: Jorge Zahar, 2002.

CIRLOT, Juan Eduardo. **Diccionario de símbolos**. Madrid: Ediciones Siruela, 1997.

CHAINSAW, Billy. Slasherama! **Kerrang!**, p. 16-19, 11 ou. 2003.

CHIRAZI, Steffan. Welcome to my nightmare. **Kerrang!**, p. 16-19, 11 mai. 1996.

CHRISTIE, Ian. Everything sucks but White Zombie. **Alternative Press**, v. 9, n. 81, p. 52-59, abr. 1995.

COLLIN, Matthew. **Altered state:** the story of ecstasy culture and acid house. London: Serpent's Tail, 1998.

CONRICH, Ian; WOODS, David (Org.). **The cinema of John Carpenter:** the technique of terror. London: Wallflower Press, 2004.

CREWS, Frederick. **As guerras da memória**: o legado de Freud em xeque. São Paulo: Paz e Terra, 1999.

DALY, Steven. Rob Zombie: monster of rock. **Rolling Stone**, n. 805, p. 48-52, 4 feb. 1999.

DIKA, Vera. The stalker film 1978-1981. In: WALLER, Gregory (Org). **American Horrors.** Illinois, USA: Board of Trustees of the University of Illinois, 1987.

DILLARD, R. H. W. Night of the Living Dead: it's not like just a wind that's passing through. In: WALLER, Gregory (Ed.). **American Horrors:** essays on the modern american horror film. Urbana; Chicago: University of Illinois Press, 1987.

DOSSEY, Donald E. **Holiday, folklore, phobias and fun:** mythical origins, scientific treatments and superstitious "cures". Los Angeles, CA: Outcomes Unlimited Press, 1992.

DUNCAN, Paul. **Alfred Hitchcock:** a filmografia completa. Lisboa: Taschen, 2003.

EBERT, Roger. **A magia do cinema.** Rio de Janeiro: Ediouro, 2004.

FERREIRA, Aurélio Buarque de Holanda. **Novo Dicionário Aurélio.** Rio de Janeiro: Nova Fronteira, 1986.

FREUD, Sigmund. **A cabeça de Medusa**. Rio de Janeiro, Imago, 1996. v.18. (Edição Standard brasileira das Obras Psicológicas Completas de Sigmund Freud).

_____. **A interpretação dos sonhos. (Parte I).** Rio de Janeiro, Imago, 1996. v.4. (Edição Standard brasileira das Obras Psicológicas Completas de Sigmund Freud).

FREUD, Sigmund. **Além do princípio do prazer**. Rio de Janeiro, Imago, 1996. v.17. (Edição Standard brasileira das Obras Psicológicas Completas de Sigmund Freud).

_____. **As resistências à psicanálise.** Rio de Janeiro, Imago, 1996. v.19. (Edição Standard brasileira das Obras Psicológicas Completas de Sigmund Freud).

_____. **Delírios e sonhos na "Gradiva" de Jensen.** Rio de Janeiro, Imago, 1996. v.9. (Edição Standard brasileira das Obras Psicológicas Completas de Sigmund Freud).

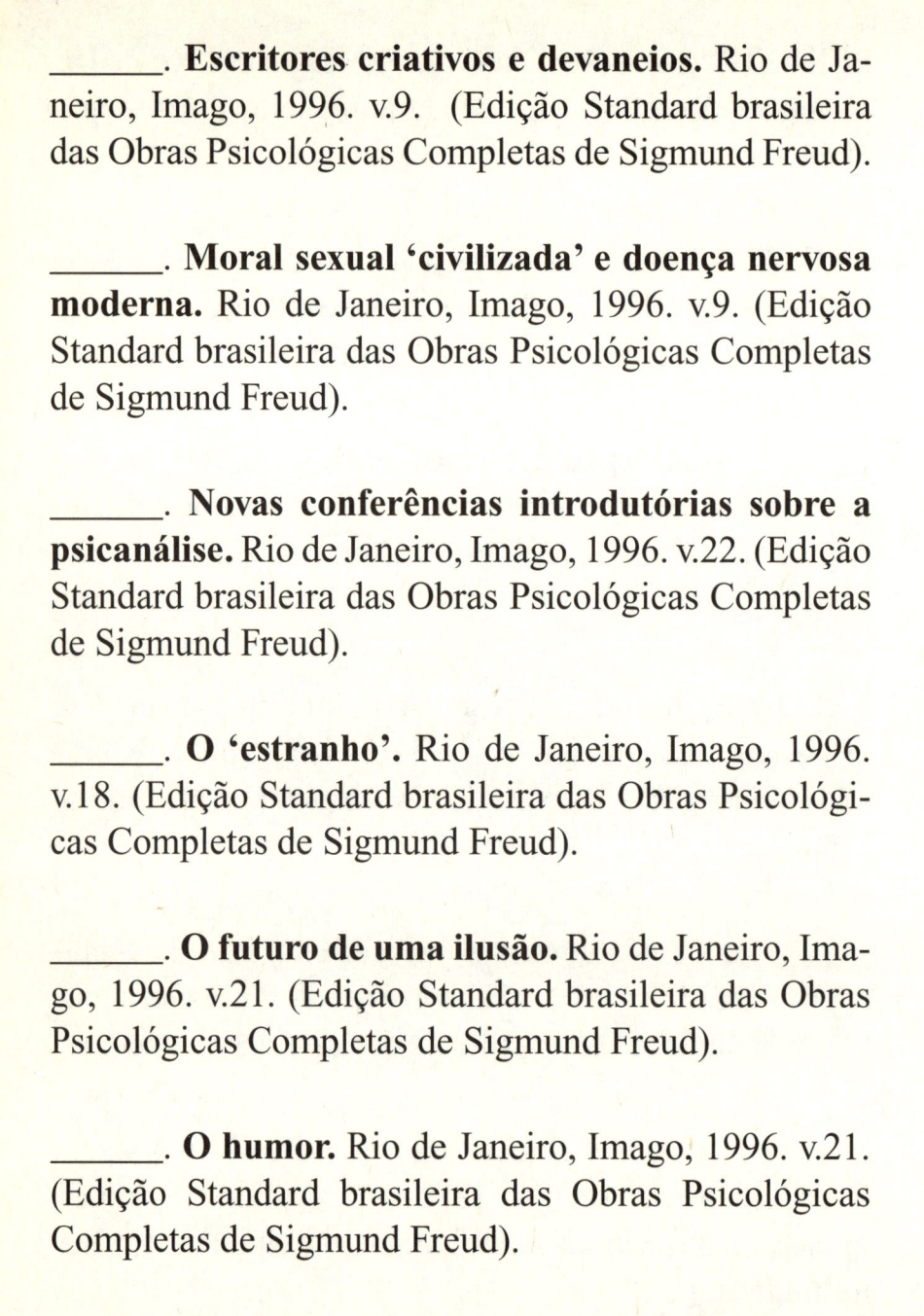

_____. **Escritores criativos e devaneios.** Rio de Janeiro, Imago, 1996. v.9. (Edição Standard brasileira das Obras Psicológicas Completas de Sigmund Freud).

_____. **Moral sexual 'civilizada' e doença nervosa moderna.** Rio de Janeiro, Imago, 1996. v.9. (Edição Standard brasileira das Obras Psicológicas Completas de Sigmund Freud).

_____. **Novas conferências introdutórias sobre a psicanálise.** Rio de Janeiro, Imago, 1996. v.22. (Edição Standard brasileira das Obras Psicológicas Completas de Sigmund Freud).

_____. **O 'estranho'.** Rio de Janeiro, Imago, 1996. v.18. (Edição Standard brasileira das Obras Psicológicas Completas de Sigmund Freud).

_____. **O futuro de uma ilusão.** Rio de Janeiro, Imago, 1996. v.21. (Edição Standard brasileira das Obras Psicológicas Completas de Sigmund Freud).

_____. **O humor.** Rio de Janeiro, Imago, 1996. v.21. (Edição Standard brasileira das Obras Psicológicas Completas de Sigmund Freud).

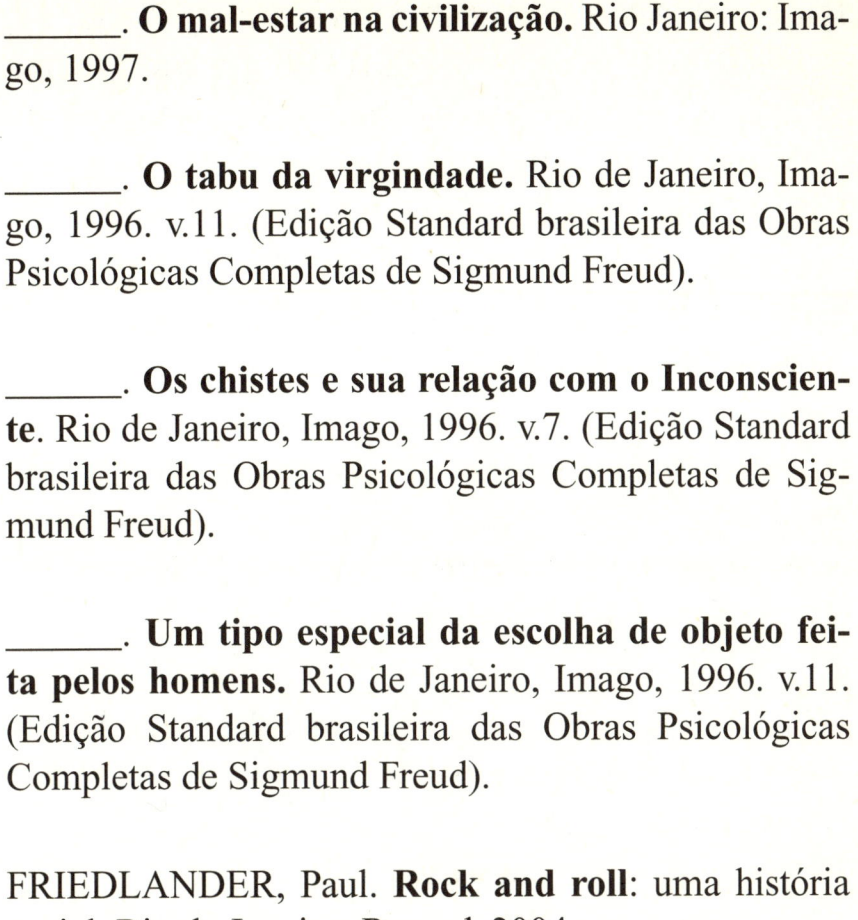

_____. **O mal-estar na civilização.** Rio Janeiro: Imago, 1997.

_____. **O tabu da virgindade.** Rio de Janeiro, Imago, 1996. v.11. (Edição Standard brasileira das Obras Psicológicas Completas de Sigmund Freud).

_____. **Os chistes e sua relação com o Inconsciente.** Rio de Janeiro, Imago, 1996. v.7. (Edição Standard brasileira das Obras Psicológicas Completas de Sigmund Freud).

_____. **Um tipo especial da escolha de objeto feita pelos homens.** Rio de Janeiro, Imago, 1996. v.11. (Edição Standard brasileira das Obras Psicológicas Completas de Sigmund Freud).

FRIEDLANDER, Paul. **Rock and roll**: uma história social. Rio de Janeiro: Record, 2004.

FROMM, Erich. **A linguagem esquecida.** Rio de Janeiro: Jorge Zahar, 1973.

GRIMM, Jacob. **Contos dos Irmãos Grimm.** Rio de Janeiro: Rocco, 2005.

HALL, Sheldon. Carpenter's Widescreen Style. In: CONRICH, Ian; WOODS, David (Org.). **The cinema of John Carpenter**: the technique of terror. London: Wallflower Press, 2004.

HARARY, Keith; WEINTRAUB, Pamela. **Sonhos lúcidos em 30 dias:** o programa do sono criativo. Rio de Janeiro: Ediouro, 1993.

HAWKINS, Robin. Sleaze mania, euro-trash, and high art**:** the place of european art films in american low culture. In: JANCOVICH, Mark (Org.). **Horror:** the film reader. New York: Routledge, 2002.

JAWORZYN, Stephan. **O Massacre da Serra Elétrica [Arquivos Sangrentos].** Rio de Janeiro: DarkSide Books, 2013.

JUNG, Carl Gustav. **Freud e a psicanálise.** Petrópolis, RJ: Vozes, 1998.

KAFKA, Franz. **Um artista da fome e a metamorfose.** Rio de Janeiro: Ediouro, 1996.

KARDEC, Allan. **Obras completas.** São Paulo: Opus, 1985.

KAPLAN, E. Ann. Freud, cinema e cultura. In: ROTH, Michael (Org.). **Freud:** conflito e cultura. Rio de Janeiro: Jorge Zahar, 2000.

KERR, John. **Um método muito perigoso**: Jung, Freud e Sabina Spielrein – a história ignorada dos primeiros anos de psicanálise. Rio de Janeiro: Imago, 1997.

KUPSTAS, Márcia (Org.). **Sete faces do terror.** São Paulo: Moderna, 1992.

LABERGE, Stephen. **Sonhos lúcidos**. São Paulo: Siciliano, 1990.

LAPLANCHE, Jean. **Vocabulário da psicanálise:** Laplanche e Pontalis. São Paulo: Martins Fontes, 1998.

LONG, Michael. What is this thing called sleep? **National Geographic**, v. 172, n. 6, p. 786-821, dec. 1987.

LOVECRAFT, Howard Phillips. **Dreams of terror and death:** the dream cycle of H. P. Lovecraft. New York: Del Rey, 1995.

_____. **The road to madness.** New York: Del Rey, 1996.

LURKER, Manfred. **Dicionário de símbolos.** São Paulo: Martins Fontes, 1997.

MUGGIATI, Roberto. **Rock, o grito e o mito**: a música pop como forma de comunicação e contracultura. Petrópolis: Vozes, 1983.

NOVAES, Adenáuer. **Sonhos:** mensagens da alma. Salvador: Fundação Lar Harmonia, 2001.

PERLS, Frederick Salomon. **Escarafunchando Fritz:** dentro e fora da lata de lixo. São Paulo: Summus, 1979.

ROANET, Sérgio Paulo. **Os amigos de Freud**. Rio de Janeiro: Companhia das Letras, 2003. v.18.

ROBB, Brian. **Screams & nightmares:** the films of Wes Craven. Woodstock. New York: Overlook, 1999.

SAGAN, Carl. **O mundo assombrado por demônios.** Rio de Janeiro: Companhia das Letras, 1996.

SCHECHTER, Harold. **Serial killer, anatomia do mal.** Rio de Janeiro: DarkSide Books Books, 2013.

SKAL, David J. **Death makes a holiday**: a cultural history of Halloween. New York: Bloomsbury, 2003.

STADEN, Hans. **Primeiros registros escritos e ilustrados sobre o Brasil e seus habitantes.** São Paulo: Terceiro Nome, 1999.

STOLL, Sandra Jacqueline. **Espiritismo à brasileira.** São Paulo: Editora da Universidade de São Paulo; Curitiba: Orion, 2003.

STREATFIELD, Dominic. **Cocaine**: an unauthorized biography. New York: Picador, 2001.

TRUFFAUT, François. **Hitchcok / Truffaut:** entrevistas, edição definitiva. São Paulo: Companhia das Letras, 2004.

TUDOR, Andrew. Why horror? The peculiar pleasures of a popular genre. In: JANCOVICH, Mark (Org.). **Horror:** the film reader. New York: Routledge, 2002.

TURVEY, Malcolm. Philosophical problems concerning the concept of pleasure in psychoanalytical theories of (the horror) film. In: SCHNEIDER, Steven Jay (Org.). **The horror film and psychoanalysis:** Freud's worst nightmares. New York: Cambridge University Press, 2004.

WOOD, Robin. The american nightmare: horror in the 70s. In: JANCOVICH, Mark (Org.). **Horror:** the film reader. New York: Routledge, 2002.

VAN DE CASTLE, Robert L. **Our dreaming mind**. New York: Ballantine Books, 1994.

Referências Eletrônicas

FREDDY vs. Jason. In: **Wikipedia, the free encyclopedia**. 10 jun. 2004. Disponível em: <http://en.wikipedia.org/wiki/Freddy_Vs._Jason>. Acesso em: 5 dez. 2006.

TALE of the Tape: Freddy Krueger vs. Jason Voorhees. *In*: **Freddy vs Jason Movie Trailer & Official Site**. Disponível em: <http://www.freddyvsjason.com>. Acesso em: 5 dez. 2006.

THE TEXAS Chainsaw Massacre (2003 film). *In*: **Wikipedia, the free encyclopedia**. 24 nov. 2005. Disponível em: <http://en.wikipedia.org/wiki/The_Texas_Chainsaw_Massacre_%282003_film%29>. Acesso em: 5 dez. 2006.

36th GRAMMY Nominees | Grammy Nominations. **Baltimore Sun**, 7 jan. 1994. Disponível em: <http://articles.baltimoresun.com/1994-1-07/features/

1994007161_ 1_billy-joel-sting-river-of-dreams>. Acesso em: 25 fev. 2017

AVATAR (2009). **Box Office Mojo**. Disponível em: <http://www.boxofficemojo. com/movies/?id=avatar.htm>. Acesso em: 9 fev. 2017.

DOWD, Vincent. Especialistas analisam futuro do 3D no cinema. **BBC Brasil**, dez. 2012. Disponível em: <http://www.bbc.com/portuguese/noticias/2012/12/121226_ filmes_3d_futuro_fn.shtml>. Acesso em: 9 fev. 2017.

FISCHER, Paul. Rob Zombie Halloween interview: Zombie unmasks new Mychael Myers exclusive. **Femail Magazine**. Disponível em: <https://www.femail.com.au/ rob-zombie-halloween-interview.htm >. Acesso em: 25 fev. 2017.

FREDDY vs. Jason. In: **Wikipedia, the free encyclopedia**.10 jun. 2004. Disponível em: <http://en.wikipedia.org/wiki/Freddy_Vs._Jason>. Acesso em: 5 dez. 2006.

FRIDAY the 13th (2009). **Box Office Mojo**. Disponível em: <http://www. boxofficemojo.com/movies/?id=fridaythe13th09.htm>. Acesso em: 8 fev. 2017.

G., Rob. Rob Zombie Halloween 2 (H2) Icons of Fright interview. **Icons of Fright**, mai. 2009. Disponível em: <http://www.iconsoffright.com/IV_Zombie3.htm>. Acesso em: 25 fev. 2017.

GOLD & Platinum - RIAA. **Home – RIAA**. Disponível em: <https://www.riaa.com/ gold-platinum/?tab_active=default-award&se=rob+zombie#search_section>. Acesso em: 25 fev. 2017.

GUNNER Hansen – Biography. **IMDB – Movies, TV and Celebrities**. Disponível em: <http://www.imdb.com/name/nm0360815/bio?ref_=nm_ov_bio_sm>. Acesso em: 20 jan. 2017.

HALLOWEEN (2007). **Box Office Mojo**. Disponível em: <http://www. boxofficemojo.com/movies/?id=halloween07.htm >. Acesso em: 25 fev. 2017.

HALLOWEEN: Rob Zombie interview. **Cinema.com**. Disponível em: <http:// cinema.com/articles/5192/halloween-rob-zombie-interview.phtml>. Acesso em: 25. Fev. 2017.

HOUSE of a Thousand Corpses (2003). **Box Office Mojo**. Disponível em: <http:// www.boxofficemojo.com/movies/?id=houseof1000corpses.htm>. Acesso em: 25 fev. 2017.

NORDINE, Michael. 'Halloween': John Carpenter to Produce 11th Film, the 'Scariest of Them All'. **IndieWire | The Voice of Creative Independence**, 25 set. 2017. Disponível em: <http://www.indiewire.com/2016/05/halloween-john-carpenter-to-produce-11th-film-the-scariest-of-them-all-288917>. Acesso em: 27 fev. 2017.

_____. John Carpenter tashes Rob Zombie's 'Halloween' remake: And, for that matter, Zombie himself. **IndieWire | The Voice of Creative Independence**, 25 set. 2017. Disponível em: <http://www. indiewire.com/2016/09/ john-carpenter-trashes-rob-zombie-halloween-remake-1201730436>. Acesso em: 27 fev. 2017.

TALE of the Tape: Freddy Krueger vs. Jason Voorhees. In: **Freddy vs Jason Movie Trailer & Official Site**. Disponível em: <http://www.freddyvsjason.com>. Acesso em: 5 dez. 2006.

TEXAS Chainsaw Massacre Movies at the Box Office. **Box Office Mojo**. Disponível em: <http://www.boxofficemojo.com/franchises/chart/?id=texas chainsawmassacre.htm>. Acesso em: 20 jan. 2017.

THE DEVIL's Rejects (2005). **Box Office Mojo**. Disponível em: <http://www.boxofficemojo.com/movies/?id=devilsrejects.htm>. Acesso em: 25 fev. 2017.

THE HITCHER (2007). **Box Office Mojo**. Disponível em: <http://www.boxofficemojo.com/movies/?id=hitcher07.htm>. Acesso em: 8 fev. 2017.

THE TEXAS Chainsaw Massacre (2003). **Box Office Mojo**. Disponível em: <http://www.boxofficemojo.com/movies/?id=tcm03.htm>. Acesso em: 20 jan. 2017.

THE TEXAS Chainsaw Massacre: The Beggining (2006). **Box Office Mojo**. Disponível em: <http://www.boxofficemojo.com/movies/?id=tcmbeginning.htm>. Acesso em: 8 fev. 2017.

THE UNBORN (2009). **Box Office Mojo**. Disponível em: <http://www.boxofficemojo.com/movies/?id=unborn09.htm>. Acesso em: 8 fev. 2017.

TURNER, Kyle. Die another day: "Skyfall" and the Nolanization of James Bond. **I Like Thinbgs That Look Like Mistakes**, 27 nov. 2014. Disponível em: <https://moviescene.wordpress.com/2014/11/27/die-another-day-skyfall-and-the-nolanization-of-james-bond>. Acesso: 26 mar. 2017.

WES Craven Movie Box Office Results. **Box Office Mojo**. Disponível em: <http://www.boxofficemojo.com/people/chart/?id=wescraven.htm>. Acesso em: 20 jan. 2017.

Referências dos Filmes

A HORA do pesadelo. Direção: Samuel Bayer. Produção: Michael Bay; Andrew Form e Brad Fuller. Intérpretes: Jackie Earle Haley; Kyle Gallner; Rooney Mara; Katie Cassidy; Thomas Kedder e outros. Roteiro: Wes Craven. Música: Steve Jablonsky. [S.I.]: New Line Cinema, c2010. 1 Bluray (95 min), widescreen, color. Produzido pela Videolar S.A.

A HORA do pesadelo. Direção: Wes Craven. Produção: Robert Shaye. Intérpretes: John Saxon; Heather Langerkamp. Roteiro: Wes Craven. Música: Charles Bernstein. Los Angeles: New Line Cinema, c1984. 1 DVD (92 min), widescreen, color. Produzido por PlayArte Home Video.

A HORA do pesadelo 2: a vingança de Freddy. Direção: Jack Sholder. Produção: Robert Shaye. Intérpretes: Mark Patton; Kim Meyers; Robert Rusler; Robert

Englund e outros. Roteiro: David Chaskin. Música: Angelo Badalamenti. Los Angeles, New Line Cinema: c1985. 1 DVD (87 min), widescreen, color. Produzido por PlayArte Home Vídeo.

A HORA do pesadelo 3: guerreiros dos sonhos. Direção: Wes Craven. Produção: Robert Shaye. Intérpretes: Heather Langerkamp, Patricia Arquette, Laurence Fishburne; Zsa Zsa Gabor; Robert Englund e outros. Roteiro: Chuck Russel. Música: Angelo Badalamenti. Los Angeles: New Line Cinema, c1987. 1 DVD (96 min), widescreen, color. Produzido por PlayArte Home Vídeo.

A HORA do pesadelo 4: o mestre dos sonhos. Direção: Renny Harlin. Produção: Robert Shaye. Intérpretes: Robert Englund; Tuesday Night; Ken Sagoes; Rodney Eastman; Lisa Wilcox e outros. Roteiro: Brian Helgeland e Scott Pierce. Música: Craig Safan. Los Angeles: New Line Cinema, c1988. 1 DVD (94 min), widescreen, color. Produzido por PlayArte Home Vídeo.

A HORA do pesadelo 5: o maior horror de Freddy. Direção: Renny Harlin. Produção: Robert Shaye. Intérpretes: Robert Englund; Lisa Wilcox; Erika Anderson; Valorie Armstrong; Michael Ashton e outros. Roteiro: Leslie Bohem. Música: Jay Fergunson. Los Angeles:

New Line Cinema, c1989. 1 DVD (90 min), widescreen, color. Produzido por PlayArte Home Vídeo.

A HORA do pesadelo 6. Pesadelo final: a morte de Freddy. Direção: Rachel Talay. Produção: Robert Shaye e Aron Warner. Intérpretes: Robert Englund; Lisa Zane; Shon Greenblatt; Lezlie Deane; Yaphet Kotto e outros. Roteiro: Michael de Luca. Música: Brian May. Los Angeles: New Line Cinema, c1991. 1 DVD (90 min), widescreen, color. Produzido por PlayArte Home Vídeo.

A HORA do pesadelo 7: o retorno de Freddy Krueger. Direção: Wes Craven. Produção: Robert Shaye e Aron Warner. Intérpretes: Robert Englund; Heather Langerkamp; Miko Hugues; David Newson; John Saxon e outros. Roteiro: Wes Craven. Música: J. Peter Robinson. Los Angeles: New Line Cinema, c1994. 1 DVD (113 min), widescreen, color. Produzido por PlayArte Home Vídeo.

FREDDY vs. Jason: edição especial DVD duplo. Direção: Ronny Yu. Produção: Sean S. Cunningham. Intérpretes: Mônica Keena; Kelly Rowland; Jason Ritter; Robert Englund e outros. Roteiro: Damian Shannon e Mark Swift. Música: Graeme Revell. Vancouver: New Line Cinema, c2003. 2 DVDs (98 min), widescreen, color. Produzido por PlayArte Home Vídeo.

HALLOWEEN: a noite do terror. Direção: John Carpenter. Produção: Debra Hill. Intérpretes: Donald Pleasence; Jamie Lee Curtis; P. J. Soles; Nancy Loomis; Kyle Richards e outros. Roteiro: John Carpenter e Debra Hill. Música: John Carpenter. Los Angeles, Compass International Pictures, c1978. 1 DVD (93 min), widescreen, color. Produzido por Continental Home Video.

HALLOWEEN: o início. Direção: Rob Zombie. Produção: Malek Akkad; Andy Gould e Rob Zombie. Intérpretes: Malcolm McDowell; Sheri Moon Zombie; Tyler Mane; Scout Taylor-Compton; Brad Dourif e outros. Roteiro: Rob Zombie. Música: Tyler Bates e John Carpenter. Los Angeles: Dimensions Films, c2007. 1 DVD (121 min), widescreen, color. Produzido por Play Arte Home Video.

HALLOWEEN II. Direção: Rob Zombie. Produção: Malek Akkad; Andy Gould e Rob Zombie. Intérpretes: Malcolm McDowell; Tyler Mane; Sheri Moon Zombie; Brad Dourif; Danielle Harris e outros. Roteiro: Rob Zombie. Música: Tyler Bates. Georgia: Dimensions Films, c2009. 1 DVD (105 min), widescreen, color. Produzido por Play Arte Home Video.

HALLOWEEN 2: o pesadelo continua. Direção: Rick Rosenthal. Produção: John Carpenter e Debra Hill. Intérpretes: Jamie Lee Curtis; Donald Pleasence; Charles Cyphers; Lance Guest; Jeffrey Kramer; Pamela Susan Shoop e outros. Roteiro: John Carpenter e Debra Hill. Música: John Carpenter e Alan Howarth. Los Angeles: Dino de Laurentiis Corporation, c1981. 1 DVD (92 min), widescreen, color. Produzido por Flashtar Home Video.

HALLOWEEN 3. Direção: Tommy Lee Walace. Produção: Debra Hill. Intérpretes: Donald Pleasence, Jamie Lee Curtis, P. J. Soles, Nancy Loomis, Kyle Richards. Roteiro: John Carpenter e Debra Hill. Música: John Carpenter. Los Angeles: VTI, c1982. 1 DVD (93 min), widescreen, color. Produzido por Continental Home Video.

JASON X. Direção: Jim Isaac. Produção: Noel J. Cunningham. Intérpretes: Kane Hodder; Lexa Doig; Lisa Ryder. Kristi Angus; David Cronemberg e outros. Roteiro: Todd Farmer. Música: Harry Manfredini. Los Angeles: New Line Cinema, 2001. 1 DVD (92 min), widescreen, color. Produzido por PlayArte Home Video.

LEATHERFACE: o massacre da serra elétrica 3. Direção: Jeff Burr. Produção: Robert Engelman. Intérpretes: Kate Hodge; William Butler; Ken Force; Tom Hudson; Viggo Mortensen e outros. Roteiro: David

Schow. Música: Jim Manzie e Pat Regan. Los Angeles: New Line Cinema, 1990. 1 videocassete (78 min), VHS, son., color.

MASSACRE da serra elétrica: o retorno. Direção: Kim Henkel. Produção: Robert J. Kuhn e Kim Henkel. Intérpretes: Renee Zellweger; Matthew McConaughey; Tonis Perenski; James Gale e outros. Roteiro: Kim Henkel. Música: Wayne Bell e Robert Jacks. [S.l.]: [s.n.], 1996. 1 videocassete (99 min), VHS, son., color.

O MASSACRE da serra elétrica. Direção: Marcus Nispel. Produção: Michael Bay e Mike Fleiss. Intérpretes: Jessica Biel; Jonathan Tucker; Erica Leehrsen; Mike Vogel; Eric Balfour e outros. Roteiro: Scott Kosar. Música: Steve Jablonsky. Texas: New Line Cinema, c2003. 1 DVD (98 min), widescreen, color. Produzido por Europa Filmes.

O MASSACRE da serra elétrica 3D: a lenda continua. Direção: John Luessenhop. Produção: Carl Mazzocone. Intérpretes: Alexandra Daddario; Dan Yeager; Trey Songz; Scott Eastwood; Tania Raymonde e outros. Roteiro: Adam Marcos; Debra Sullivan e Kirsten Elms. Música: John Frizzell. Lousiana: Millenium Films, c2013. 1 Blu-ray (92 min), widescreen, color. Produzido por Europa Filmes.

O MASSACRE da serra elétrica: o início. Direção: Jonathan Liebesman. Produção: Michael Bay; Mike Fleiss; Tobe Hooper; Kim Henkel; Andrew Form e outros. Intérpretes: Jordana Brewster; Taylor Handley; Diora Baird; Matt Bomer; Lee Tergensen e outros. Roteiro: Sheldon Turner. Música: Steve Jablonsky. Texas: New Line Cinema, c2006. 1 DVD (84 min), widescreen, color. Produzido por PlayArte Home Video.

PÂNICO. Direção: Wes Craven. Produção: Cary Woods e Cathy Konrad. Intérpretes: Drew Barrymore; Neve Campbell; Skeet Ulrich; Rose McGowan; David Arquette; Courtney Cox e outros. Roteiro: Kevin Williamson. Música: Marco Beltrami. Nova Iorque: Dimension Films, 1996. 1 videocassete (110 min), VHS, son., color.

SEXTA-feira 13. Direção: Marcus Nispel. Produção: Michael Bay; Andrew Form; Brad Fuller e Sean Cunningham. Intérpretes: Jared Padalecki; Danielle Panabaker; Amanda Rhigetti; Travis Van Winkle; e outros. Roteiro: Damian Shannon e Mark Swift. Música: Steve Jablonsky. Lousiana: Paramount Pictures, c2009. 1 Blu-ray (97 min), widescreen, color. Produzido pela Videolar S/A.

SEXTA-feira 13. Direção: Sean S. Cunningham. Produção: Sean S. Cunningham. Intérpretes: Betsy Palmer; Adrienne King; Harry Crosby; Laurie Bartram; Mark Nelson e outros. Roteiro: Victor Miller. Música: Harry Manfredini. New Jersey: Warner Bros., c1980. 1 DVD (90 min), widescreen, color. Produzido pela Videolar S/A.

MADRAS® Editora — CADASTRO/MALA DIRETA

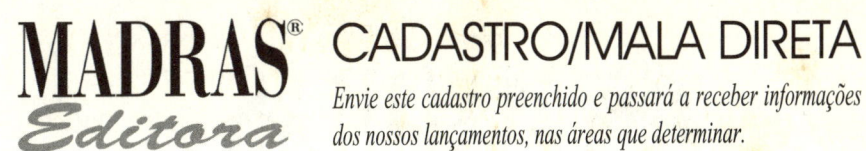

Envie este cadastro preenchido e passará a receber informações dos nossos lançamentos, nas áreas que determinar.

Nome _____
RG _____ CPF _____
Endereço Residencial _____
Bairro _____ Cidade _____ Estado ____
CEP _____ Fone _____
E-mail _____
Sexo ❏ Fem. ❏ Masc.   Nascimento _____
Profissão _____ Escolaridade (Nível/Curso) ____

Você compra livros:
❏ livrarias   ❏ feiras   ❏ telefone   ❏ Sedex livro (reembolso postal mais rápido)
❏ outros: _____

Quais os tipos de literatura que você lê:
❏ Jurídicos   ❏ Pedagogia   ❏ Business   ❏ Romances/espíritas
❏ Esoterismo   ❏ Psicologia   ❏ Saúde   ❏ Espíritas/doutrinas
❏ Bruxaria   ❏ Autoajuda   ❏ Maçonaria   ❏ Outros:

Qual a sua opinião a respeito desta obra? _____
_____

Indique amigos que gostariam de receber MALA DIRETA:
Nome _____
Endereço Residencial _____
Bairro _____ Cidade _____ CEP _____

Nome do livro adquirido: O Terror no Divã

Para receber catálogos, lista de preços e outras informações, escreva para:

MADRAS EDITORA LTDA.
Rua Paulo Gonçalves, 88 – Santana – 02403-020 – São Paulo/SP
Caixa Postal 12183 – CEP 02013-970 – SP
Tel.: (11) 2281-5555 – Fax.:(11) 2959-3090
www.madras.com.br

MADRAS® Editora

Para mais informações sobre a Madras Editora,
sua história no mercado editorial
e seu catálogo de títulos publicados:

Entre e cadastre-se no site:

www.madras.com.br

Para mensagens, parcerias, sugestões e dúvidas, mande-nos um e-mail:

@ **marketing@madras.com.br**

SAIBA MAIS

Saiba mais sobre nossos lançamentos,
autores e eventos seguindo-nos no facebook e twitter:

@madrased

/madraseditora